深圳市人文社会科学重点研究基地的研究成果

国家社会科学基金课题"全球经济治理视野下'一带一路'国际公共产品供给研究"的研究成果（16BJY146）

"一带一路"

国际公共产品供给研究

伍凤兰 李梦涵 ／ 著

社会科学文献出版社
SOCIAL SCIENCES ACADEMIC PRESS (CHINA)

序　言

　　"一带一路"倡议是中国提出的联通欧亚非沿线国家的国际区域合作倡议，旨在与沿线国家共同打造政治互信、经济融合、文化包容的利益共同体、命运共同体和责任共同体。"一带一路"倡议的提出与推进，预示着中国将更加全面地参与到全球经济中，分别通过海、陆两路加强与欧亚大陆的经济往来，形成更紧密的经济合作关系。因此，向沿线国家提供公共产品、搭建公共平台、构建公正的合作机制就十分必要。该书选题精准，能够将"一带一路"与公共产品供给有机地结合在一起，从一个令人耳目一新的视角给读者带来诸多分享，相信读者一定会沉浸其中，爱不释手。

　　"一带一路"沿线国家多属于新兴经济体和发展中国家，公共产品属于稀缺品，沿线国家对基础设施类、科技类以及制度类国际公共产品的需求日益旺盛。不仅如此，由于区域内地区经济发展不平衡，多数国家对公共产品的需求具有较为明显的异质性。虽然中国在这些公共产品的生产和供给方面具有比较优势，但仍然面临集体行动、融资、收益分配与成本分担以及风险控制能力等方面的困境。尤其是"一带一路"沿线国家内部以及外部的制度环境存在明显差异，导致制度初始界定边界的不确定性。所以建立一套契合"一带一路"沿线各国的国际合作机制显得十分必要。

　　在第四次工业革命和新科技革命的背景下，世界正面临百年未有之大变局。俄乌冲突引起世界新的动荡，全球地缘政治正在发生深刻变化，世界经济形势的变化对全球化提出了严峻挑战。在复杂的国际形势下，面对正在抬头的全球贸易保护主义及单边主义，"一带一路"倡议为国际合作提供了新的路径。

　　"富贵本无根，尽从勤里得。"长期以来，伍凤兰教授一直从事区域经济和特区经济研究，承担完成了国家社会科学基金课题"全球经济治理视野下'一带一路'国际公共产品供给研究"，此书正是她研究国家课题时形成的重大成果。不仅如此，她还主持完成了 10 多项省市重点课题研究，成果丰富、学识方博。作为一本全面系统研究"一带一路"国际公共产品供给的理论力作，该书研究方法独特、思路清晰、观念超前，相信会给读者带来新的收获。

申 勇

2022 年 7 月于深圳

摘　要

　　诸多复杂交织的全球性问题伴随着经济全球化进程产生，当前全球经济治理的碎片化格局加剧，国际公共产品供给不足，全球经济治理改革总体滞后，围绕全球经济治理规则的博弈成为国际政治经济领域的新动向之一。更有效地应对全球新挑战成为创建新型全球经济治理机制的客观需求。随着综合国力的快速提升，中国逐渐从国际公共产品的消费者转变为供给者，成为新价值理念的引领者、国际制度的共建者、全球方案的贡献者和集体行动的参与者。"一带一路"倡议作为中国提出并与沿线各国共同建设的一种全新的国际公共产品，同时作为国际公共产品供给的载体与平台，秉承共商、共建、共享的全球经济治理观，可有效缓解当前国际公共产品供给中决策的排他性、供给的不可持续性及供给收益分配的竞争性失效等问题，从多个维度提升中国深度参与全球经济治理的话语权。

　　基于此，本书以全球经济治理为研究背景，以"一带一路"沿线国家为样本。首先，构建国际公共产品供给的博弈模型，从理论上探讨沿线国家走向合作的前提与转化条件；其次，从沿线国家的现实基础出发，实证分析基础设施、科技及制度三大类与全球经济治理密切相关的典型国际公共产品的供给状况，并分别识别影响其有效供给的因素；最后，提出中国供给"带路"国际公共产品的可能性路径。全书结构安排如下。

　　第一章绪论部分主要介绍中国以国际公共产品供给为抓手，通过"一带一路"倡议参与全球经济治理的意义，梳理相关文献，阐述本书的逻辑框架和主要内容。

　　第二章主要从全局分析全球经济治理及其发展趋势、"一带一路"倡议及实践、"一带一路"倡议对全球经济治理的影响等内容。

　　第三章详细阐述国际公共产品供给的理论，例如对国际公共产品（包括全球公共产品和区域公共产品）的界定与分类，国际公共产品供给的三大理论基础，以及包括供给主体、供给模式和供给合作在内的国际公共产品供给机制等内容。

第四章构建"一带一路"国际公共产品供给的博弈分析框架，从一般性的国际公共产品供给的博弈模型，到"一带一路"国际公共产品供给的非合作博弈模型，再到"一带一路"国际公共产品供给的合作博弈模型。探究"一带一路"国际公共产品供给从非合作走向合作的前提和转化条件，以及国家异质性下的动态博弈过程。

第五章是对"一带一路"国际公共产品供给的现实基础进行分析，包括对沿线国家的综合发展水平进行测算，对沿线各国的正式制度与非正式制度、投资环境等进行比较分析，梳理"一带一路"国际公共产品的重点领域、中国供给的比较优势以及面临的困境等。

第六章到第八章分别对基础设施、科技和制度三大类与全球经济治理密切相关的典型国际公共产品的供给与其影响因素进行实证分析。

第六章是"一带一路"基础设施类国际公共产品的实证分析。设施联通是合作发展的基础，也是"一带一路"建设的优先领域。首先，分析"一带一路"倡议与基础设施类国际公共产品的交互关系；其次，以东盟十国及中亚五国为例，采用主成分分析法，分别对东盟十国及中亚五国的基础设施建设水平进行评价，并据此提出中国的可能合作国别与合作领域。

第七章是"一带一路"科技类国际公共产品的实证分析。技术是经济增长的内生要素，科技合作主要包括研发合作和技术转移两个方面。首先，对"一带一路"沿线国家的科技合作基础、研发合作和技术转移现状进行具体分析；其次，实证分析东道国特征如何影响"一带一路"沿线国家的研发合作；再次，进一步分析技术转移对东道国全要素生产率影响的门槛效应；最后，提出相关建议。

第八章是"一带一路"制度类国际公共产品的实证分析。对外直接投资（OFDI）是制度类国际公共产品发挥作用的重要载体与量化的硬指标。中国通过调整其流向，优化在全球范围内的布局，凭借对外直接投资资本输出的贡献而步入参与全球经济治理的新阶段。首先，对制度类国际公共产品的供给进行具体分析；其次，从东道国制度质量的角度实证分析中国在沿线国家的对外直接投资；再次，进一步实证分析东道国与中国的制度距离对中国在沿线国家对外直接投资的影响；最后，从企业和政府层面提出相关建议。

第九章的主要内容是中国供给"一带一路"国际公共产品的路径选择，主要从加强顶层设计、打造比较优势、完善有效供给以及整合国际资源等方面提出政策建议。

通过研究，本书发现以下几点。

（1）在一定的前提与转换条件下，"一带一路"国际公共产品供给逐渐注重合作，破解供给困境。收入较高、偏好强烈的国家从国际公共产品供给中获取的效用较高，最有可能在跨国集体行动中扮演领导者的角色，承担更多的跨国组织行为成本。

（2）从沿线国家的综合发展水平来看，中国的正式制度正在不断完善，政府效率方面的指标值相对较高；非正式制度处于沿线国家的中间水平。亚洲、大洋洲、东欧地区多数国家的投资环境处于较高水平，中亚、非洲及拉美地区国家投资环境水平普遍欠佳。"一带一路"国际公共产品的重点领域是基础设施、科技合作、贸易畅通等，中国在这些领域也具有比较优势。

（3）东盟十国国家间的基础设施建设水平差异较大，中亚五国国家间的基础设施建设水平的不平衡现象较明显。中国与沿线国家一直保持长期较为密切的经济合作，在可能的合作领域，通过有效的合作提高双方经济结构互补与利益诉求的契合度，最终走向共赢。

（4）中国与沿线绝大多数国家已建立研发合作关系。中国与沿线国家的技术转移表现出"近邻性"，在技术转移强度排名前 20 位的国家中，东南亚国家的数量最多。研发投入、市场规模以及营商环境对专利产出具有显著的正向影响，其中以研发投入的作用最为显著；而地理距离对专利产出具有负向影响。中国对沿线各国的技术转移总体上能够提高东道国的全要素生产率，中国的技术转移对东道国全要素生产率的影响存在经济基础和技术势差的门槛效应。通过扩大市场规模、增加研发投入、完善基础设施建设、改善营商环境等方式，增加"一带一路"科技类国际公共产品的供给。

（5）中国在沿线国家的对外直接投资主要分布在东南亚、中亚及蒙俄地区。中国在东南亚国家的对外直接投资主要集中在制造业、电力供应行业、采矿业，在俄罗斯的对外直接投资主要集中在采矿业。经济制度环境从商业自由度和财政自由度上对对外直接投资产生正向影响；法律制度环境中的产权保护度对对外直接投资产生显著正向影响。制度距离显著影响中国在沿线国家的对外直接投资，表现为抑制作用；正式制度距离对中国对外直接投资的影响存在方向性差异；正式制度距离对中国对外直接投资的调节作用会受投资动机的影响。市场寻求型、自然资源寻求型及战略资产寻求型的对外直接投资表现出负向制度距离偏好特征，而对于正向制度距离表现不一。

基于研究结论，本书提出以下政策建议。一是优化中国参与全球经济治理的路径，倡导建立包容共享的全球秩序，继续加强顶层设计，推动沿线发展中国家及新兴经济体的共建、共治、共享，实现中国与世界各国的互利共赢。二是打造中国参与全球经济治理的比较优势，通过增强现代化治理能力，不断提升中国参与全球经济治理的制度话语权，拓展国际公共产品的供给领域，增强国际公共产品的有效供给。三是降低中国供给国际公共产品的成本，加快实现互联互通，拓宽沿线共建项目的融资渠道，推动沿线国家参与绿色治理，打造"绿色丝绸之路"。四是通过优化新型全球经济治理体系，健全多元协同风险控制机制，为"一带一路"国际公共产品供给政策的实施提供配套机制。

目 录

第一章　绪论

一　研究背景

　　经济全球化进程往往会引发国际金融危机、信息安全泄露、恐怖主义威胁、跨国犯罪等全球性问题。近年来，中美贸易摩擦持续、欧洲经济复苏乏力以及新冠肺炎疫情暴发等全球难题日益凸显，导致全球经济接连遭受打击，使全球经济治理陷入困境。全球经济治理改革总体滞后，国际公共产品供给不足，进一步暴露现有全球经济治理体系的内在缺陷。在此背景下，全球经济治理格局的碎片化也随之加剧，围绕全球经济治理规则的博弈将成为全球政治经济领域的新动向之一。从全球经济治理格局来看，全球经济权力结构多极化日趋明显。随着中国等新兴经济体快速崛起，发达国家的经济实力相对下降，发达国家和新兴市场国家在全球经济治理结构上的博弈进一步复杂化。新兴市场国家参与全球经济治理的意愿和能力增强，成为推动全球经济治理结构转型的重要力量，跨区域性的合作治理机制兴起。

　　与此同时，中国参与全球经济治理的意愿和能力正得到快速增强。随着国际地位提升，中国逐渐从国际公共产品的消费者成为国际公共产品的供给者。从理论上来看，全球治理秩序这一公共产品的供给差异与需求差异间的失衡对全球治理机制与制度均产生深远影响，进而引发全球治理领域的新问题与新特征，因此有效应对全球新挑战成为创建新型全球经济治理机制的客观需求。"一带一路"倡议作为中国提出并与世界各国共同建设的一种全新的国际公共产品，同时作为国际公共产品供给的载体与平台，秉承共商、共建、共享的全球治理观，可有效缓解当前国际公共产品供给中决策的排他性、供给的不可持续性及供给收益分配的竞争性失效等问题，从多个维度提升中国深度参与全球经济治理的话语权。

面对新的国际形势和构建开放型经济体制的需要，中国适时地提出共同建设"一带一路"等一系列对外开放的重大构想，以表明中国主动参与全球治理和地区经济一体化建设的合作意愿。党的十九大报告明确提出，中国秉承共商、共建、共享的全球治理观，继续发挥负责任大国作用，积极参与全球治理体系改革和建设。"十四五"规划中也明确提出，推动共建"一带一路"高质量发展是积极参与全球治理体系改革和建设的重要内容。

由于全球经济治理的演化规律不以任何国家或国家集团的意志为转移，寻找合理有效的全球性问题的解决方案是当前中国参与全球经济治理的积极应对措施。"一带一路"倡议是中国以国际公共产品供给为路径寻找解决全球性问题的有效方案之一。因此，审视国际公共产品在全球经济治理中的作用、明确国际公共产品的供给困境、分析"一带一路"国际公共产品的供给现状与基础，研究如何增加基础设施、科技、制度等国际公共产品的有效供给成为本书的重点。

改革全球经济治理体系、重塑全球经济合作成为全球经济治理的新议题。面对日益严重的全球治理赤字，亟须建立有效的冲突解决机制和国际治理框架。从实践来看，中国参与国际公共产品供给的现实基础与挑战如表1-1所示，其中"一带一路"倡议致力于为全球经济治理体系提供公共产品，有效推动全球治理朝着更加公平、普惠、包容的方向发展。本书要探讨的问题无论从理论还是现实方面都具有重要的意义。

表1-1 中国参与国际公共产品供给的现实基础与挑战

项目	现实基础	潜在挑战
"一带一路"倡议	中国在基础设施建设等方面具有比较优势，充分尊重沿线国家的意愿及差异，为国际共享合作提供开放式合作平台	美国及日本等发达国家的抵消措施 俄罗斯及印度的防范与疑虑
亚洲基础设施投资银行	重新整合区域内的资源，优化制度环境，促进国际金融机制的多元化，解决既有体制的低效与不公平问题	与其他国际组织存在业务重叠和竞争关系
人类命运共同体理念	以包容共享对国家身份的划分超越二元思维，将不同国家联结成一个共同体，提升区域和全球信任度	西方自由主义思想及传统地缘政治因素，不信任感冲淡人类命运共同体的价值

资料来源：由课题组梳理归纳。

从理论意义来看，首先，本书在充分阐述国际公共产品理论和供给机制的基础上，从中国参与全球经济治理的背景出发，分析"一带一路"国际公共产品的供给现状，特别是基于当前中国对"一带一路"沿线国家的供给状况，实证分析影响有效供给的因素，对提升中国全球经济治理话语权具有一定的理论价值。其次，本书紧扣当前"一带一路"倡议中政策界与学术界最为关切的重要问题，为推进"一带一路"倡议补充关于评估其政策效应方面的文献。最后，本书通过构建博弈模型探究国际公共产品供给不足的主要原因，为进一步深入研究相关方向的课题提供材料。

从现实意义来看，本书的研究内容是针对新一轮全球化进程中的中国实践进行的深度评估，致力于揭示中国供给国际公共产品的基本理论与现实基础，明确在全球经济治理新形势下，从实践层面对促进中国参与全球经济治理、供给国际公共产品提出有效的对策建议，对如何更加有序地参与全球经济治理具有重要的现实意义。

二 文献综述

（一）国际公共产品的相关研究

公共产品（Public Goods）最早是公共经济学中的一个概念，与私人产品相对应。从公共产品的理论起源来看，亚当·斯密在《国富论》中对公共产品的内涵进行描述：有一类产品很可能会为社会带来最大程度的利益，但是任何个人或少数人组成的群体无法创建此类产品。萨缪尔森则从公共产品的两个特性出发，对公共产品的概念进行界定，为分析公共产品奠定了理论基础。布坎南进一步拓宽了公共产品的内涵，探讨非纯粹公共产品的性质。随后，奥尔森等（Olson 等，1966）在研究国家在国际组织中的作用时首次将公共产品的概念引入国际关系领域的分析。他特别指出，某些公共产品具有非排他性的特征，但是集体无法供给。同时，奥尔森进一步将时间的概念纳入公共产品的定义，强调集团中任何个人对公共产品的消费都不妨碍其被其他人消费。

国际公共产品研究结合国际关系与公共产品理论，突出跨越国家边界的特性。从现有文献研究的情况来看，奥尔森最早使用国际公共产品的概念，并基于此研究国际合作激励问题。金德尔伯格（Kindleberger，1973）和吉尔平分别运用公共产品的概念进行国际关系方面的问题分析。金德尔伯格指出，国际公共产品的重要特征是在没有国际政府的国际政治体系中，由于可能存在"搭便车"问题，公共产品供给不足。其他相关学者也分别从自身的研究领域出发对国际公共产品做出界定。其中，Kaul 等（1999）、世界银行和 Sandler（2003）等分别对国际公共产品提出更为完整的定义。

区域公共产品又称地区公共产品，反映出区域合作已成为影响世界格局发展的主要因素，并且区域经济合作的兴起要求有相应的机制和体制保障。区域公共产品理论的出现为研究区域合作奠定了理论基础。Gwin（1999）提出关于区域公共产品的核心观点，与常规对外援助集中于单个国家相比，跨国问题的解决需要多个国家采取以结果为导向的发展合作措施。樊勇明（2008）指出，只服务于本地区，只适用于本地区，其成本又是由域内国家共同分担的安排、机制或制度，称为区域性国际公共产品。黄河（2015）对区域性公共产品或区域间公共产品的概念进行界定，以统合现有关于区域性公共产品或区域间公共产品的概念。

本书研究内容主要围绕国际公共产品展开，除了上述有关国际公共产品的概念界定，还包括以下三方面。一是关于解决国际公共产品供给困难的制度安排。诸多国外学者（Kaul 等，1999；Barrett，2002；Sandler，2003）将研究重点放在国际制度上，并形成了集体行动的拇指规则。从国际关系视角来分析，国际公共产品供给困难的原因在于不确定条件下国际合作中存在严重的"搭便车"行为。行为体数量越多，交易成本越高，"搭便车"行为就越严重，因此行为体数量与国际体系的稳定状态成反比。Nancy 等（2009）认为国际公共产品供给主要取决于合作主体间的经济规模和发展意愿。埃莉诺（2012）从博弈的角度探索了政府与市场之外的自主治理的可能。吴晓萍（2011）、肖育才和谢芬（2013）分析了国际公共产品在资本供给与融资等方面的具体困境。李娟娟（2015）认为可以通过有效的国际制度安排使各国的成本—收益结构重塑。刘蓉等（2013）、庞珣（2012）、王长宇等（2015）分别运用模型对外溢性公共产品、国际合作的供给困境问题进行了探讨。何寿奎（2017）认为，"一带一路"沿线国家地缘政治环境复杂，制度环境各异，经济发展水平、技术标准和相关政策差距明显，对国际公共产品供给的风险控制能力有待提升。张彬和胡晓珊（2020）指出中国供给区域性国际金融公共产品目前面临需求偏好匹配困难以及稳定供给与防范金融风险的两难选择。

二是关于研究国际公共产品供给的主要路径。傅志华（2005）、邓力平和席艳乐（2010）、李贞等（2014）分别提出了通过加强国际财经合作、进行国际征税、加强官方发展援助等来实现资金筹集。李新和席艳乐（2011）、王双（2011）、吴志成和李金潼（2014，2015）均认为要提升自身综合实力，积极融入并努力推进现有国际机制的调整。杨伊和蒋金法（2014）分析了在遵循国际合作制度的原则下构建符合自身利益的最优供给路径。李丽（2013）从博弈论角度分析了依据聚合技术分类的不同类型国际公共产品的供给。李娟娟和樊丽明（2015）以亚洲基础设施投资银行（以下简称"亚投行"）为研究对象，通过引入国家异质性及各国在跨国集体行动实现过程中的策略互动建立动态博弈模型，进而分析国际公共产品合作供给的可能性。蔡昉（2017）对国际公共产品供给中的金德尔伯格陷阱和伊斯特利悲剧进行了分析，并在此基础上研究了中国供给国际公共产品的可行性。孟于群和杨署东（2018）对国际公共产品供给方面加总技术下的制度安排与全球治理展开探讨，认为在全球集体行动的加总技术下，每一类公共产品的生产过程都有与之相对应的博弈模式和问题，以及其映射出的国际制度创设原理。马涛和陈曦（2020）指出，公共产品的供求关系为研究"一带一路"包容性全球价值链提供了新的理论框架，"一带一路"倡议提供的器物型、制度型和观念型国际公共产品与价值链构建主体对公共产品实现供求均衡，为全球价值链体系的扩展创造了必要条件。

三是有部分研究成果延伸到国际公共产品对全球经济治理的贡献方面。Ricardo 研究了东亚能源市场和南美区域基础设施，认为提供区域公共产品是维持地区经济治理的必要条件。王铮等（2007）、黄莹和林金忠（2010）分别以多边贸易体制和贸易保护主义为视角，分析了贸易治理。杜朝运和叶芳（2010）从金融治理方面提出国际货币体系的改革相当于提供全球公共产品。裴长洪（2014）指出，为了参与全球经济治理，中国需要进一步扩大开放，从而提高国际公共产品的供给能力。针对国际公共产品的供给困境，结合"一带一路"建设机遇，国内众多学者提出相应的策略与中国方案。杨伊和苏凯荣（2015）对金砖国家新开发银行作为小集团联盟的范例及其在提供国际公共产品过程中出现的必然性展开论述，并提出中国参与金砖国家新开发银行、供给国际公共产品的博弈策略。张可云等（2017）指出中国对外区域合作体系建设应该把握"一带一路"建设机遇，逐步完善和对接国际、国内"双向"区域合作政策框架，着力塑造区域合作贸易优势和区域公共产品供给体系，并由此带动形成优化中国产业与经济空间的良好外部环境。陈辉和王爽（2018）提出从合作性竞争、风险评估和文化互动三个方面来提高"一带一路"倡议中区域公共产品供给的有效性和可持续性。胡键（2020）指出，"一带一路"倡议是由中国提出并与世界各国共同建设的一种全新的国际公共产品，从多个维度提升了中国的软实力。

（二）全球经济治理的相关研究

全球经济治理理论来源于全球治理的概念，全球治理是为建立国际秩序、解决全球问题的集体行动。全球治理思想的最早实践产生于基于美国总统威尔逊提出的"公开外交、公海航行自由、贸易自由、全面裁军、公正处理殖民地争议"建立的国际秩序和集体行动中。随后，20世纪70年代中期，随着全球化问题对传统主权国家的单边治理能力产生挑战，基于全球治理的早期实践，学界逐步将全球治理推向理论研究，而不再局限于规范性的说明。全球治理理论伴随全球化发展而来，有关全球治理的研究文献主要集中在参与治理的主体、治理的对象、治理的目标和治理的方式等方面。其中，全球治理的主体包括主权国家、国际组织、国家集团及跨国公司等。全球治理的对象是全球化带来的负面效应。全球治理的目标是健全和发展维护全人类安全、和平、发展、福利、平等和人权的新的国际政治经济秩序，以围绕公益性目标构建合理的国际秩序为基本原则。全球治理的方式主要是基于规则尤其是正式规则的治理方式，其是新的国际政治经济秩序的重要保障。早期的全球治理理论以新自由主义思想为主导，强调市场调节，提出政府治理方面的缺陷。当前全球治理的讨论主要围绕治理结构的改革和转型展开。

全球经济治理是全球治理的主体和核心内容。除经济领域的合作外，国际社会还协同处理环境、能源、恐怖主义、跨国犯罪等各个领域的全球问题。全球经济治理的概念产生于20世纪90年代后期，G20非正式部长级会议机制的建立意味着全球经济治理理论正式诞生。全球经济治理包括全球宏观经济治理、全球金融治理、全球贸易治理、全球产业治理、全球会计治理和全球贫困治理等。全球经济治理以人类安全、和平、发展、福利、平等和人权为子目标服从全球治理，以维护国际经济安全稳定、保持经济持续发展和收入公平为发展宗旨，以共同塑造国际经济秩序为治理目标。

当前学界关于全球经济治理的研究主要从全球经济治理问题和对策两个角度展开。在全球经济治理问题方面，桑百川和王园园（2015）等认为，随着多边贸易体制陷入困境，高质量区域经济合作逐渐兴起，全球经济治理机制碎片化风险激增。隆国强（2017）提出，以信息技术产业为代表的新一轮技术革命对全球经济、贸易及投资产生了重大影响，同时带来了信息安全及数据跨境流动等全球化问题，亟须调整现行全球经济治理体系及制定相应的国际规则。陈伟光和王燕（2017）认为在以规则治理为核心的全球经济治理中，制度性话语权成为大国博弈的重要领域。在全球经济治理对策方面，徐秀军（2015）认为，当前全球经济治理受到诸多挑战，但全球经济治理正在从相对无序的状态向以规则为基础的相对有序的方向迈进。张宇燕（2016）认为，"一带一路"倡议是中国参与全球经济治理的顶层设计，与国际规则密切相关，涉及全球经济治理的不同维度，为全球经济治理注入新能量。江时学和李智婧（2019）强调"一带一路"倡议在全球经济治理中的作用。李晓霞（2019）明确提出把体现包容性的发展特征和发展导向机制原则作为"一带一路"倡议为全球经济治理提出的中国方案。

（三）中国参与全球经济治理的相关研究

当前全球治理体系长期面临传统治理模式乏力等问题，本书对已有文献关于全球经济治理演变过程以及中国参与全球治理体系的特征进行系统性梳理。库珀认为全球经济治理体系形成以来，面临着国际形势不确定性及大国博弈等挑战，在传统的单极全球治理秩序中，美国处于主导地位，其他西方发达经济体及新兴经济体则处于从属地位。冯维江认为全球经济治理体系趋于重塑，中国通过向世界提供有效的国际公共产品缓解因大国博弈加剧而造成的全球经济治理供给矛盾，为大国之间提供良性互动的机遇与平台。程永林和黄亮雄（2018）认为，全球经济治理的演化规律不以任何国家的意志为转移，中国在博弈策略选择中的定位应是现有体系的建设者和维护者，而非挑战者和颠覆者。为此，中国应积极主动地参与主要的全球经济治理机构和平台的各项职能议程，构建多边共赢的全球经济治理机制。

国内学界普遍认为，随着全球经济治理体系趋向失序，中国应该成为全球经济治理的深度参与者，推动全球经济治理体系的优化与改革，不断提升中国在全球经济治理制度中的话语权。同时，国家综合实力和国家治理能力是参与全球经济治理的关键（陈伟光，2014；徐秀军，2015；黄河，2015）。庞珣（2012）从国际公共产品消费的非排他性和非竞争性出发，运用博弈模型分析国际合作的主要障碍，提出中国应在国际公共产品供给中采取不平衡及层叠性合作的策略，不断将综合国力转化为制度影响力。裴长洪（2014）认为，中国作为负责任的大国，需要增强国际公共产品的供给能力。中国要善于借助全球经济治理的机制和平台，持续增强综合国力，从而更适应参与国际规则制定的需要。李娟娟（2015）认为，中国应积极参与国际规则的制定，对现行全球经济治理体系进行有效补充，展现中国对国际公共产品的"供给意愿"。同时，改革开放后中国的综合国力不断增强，国家现代化治理能力不断提高，在基础设施建设等方面比较优势明显，具有对国际公共产品的"供给能力"。

（四）"一带一路"国际公共产品的相关研究

自 2013 年提出"一带一路"倡议以来，"一带一路"国际公共产品研究逐步受到学者的重视。一是研究供给"一带一路"国际公共产品的意义。陈明宝和陈平（2015）认为，"一带一路"倡议是一种典型的国际公共产品，无论对中国还是沿线国家都将产生发展与改革的双重激励效应。涂永红（2015）基于当前全球经济治理体系存在的问题分析"一带一路"倡议带来的机遇和挑战。黄河（2015）认为"一带一路"倡议实施过程中的重点环节是有关国家合作提供公共产品。朱磊和陈迎（2019）认为"一带一路"倡议对接 2030 年可持续发展议程，有利于提升参与全球治理的能力、增加优质公共产品供给、促进全球可持续发展进程以及助力"一带一路"沿线发展中国家落实可持续发展目标。关嘉麟等（2020）通过实证分析得出，自"一带一路"倡议提出以来，在"贸易畅通"目标的驱动下，"一带一路"沿线国家对外贸易取得了显著的成效，"一带一路"倡议明显促进了沿线国家自身的对外贸易增长。

二是阐明供给"一带一路"国际公共产品的资金筹集策略。李娟娟、樊丽明（2015）通过建立动态博弈模型来分析亚投行国际公共产品的供给机制。Martin 等（2014）分析了金砖国家高等教育融资的私有化问题。汤凌霄等（2014）认为，金砖国家基础设施建设存在巨大融资缺口，金砖国家新开发银行是国际金融合作的创新形式。张家寿（2015）认为"资金融通"是中国与东盟合作参与"一带一路"建设的重要支撑。张中元和沈铭辉（2018）以债券融资为例，对"一带一路"倡议融资机制进行了探究。王国刚（2019）认为，落实"一带一路"倡议，在金融实践层面上需要有效解决巨额资金、资金性质和政治风险三个难题，因此，应发挥多元化资本结构的机制作用。

三是分析"一带一路"国际公共产品的供给机制。彭兴韵（2015）分析了人民币作为重要金融基础设施的国际化最新进展，认为经济实力是人民币国际化的主要动力。姜安印（2015）认为基础设施是"一带一路"建设中的关键，进而分析了发展经验的互鉴性。卢光盛和金珍（2015）以"一带一路"倡议框架下的澜沧江—湄公河为案例，研究了跨界水公共产品的供给现状以及供给路径。夏先良（2015）、孙溯源和杜平（2015）、韩沐野和成思思（2017）分别研究了产能与能源在中国推动共建"一带一路"过程中具有的重大经济意义，并对国际合作发展路径进行了探索。汪晓风（2015）分析了"数字丝绸之路"建设对信息、网络等安全类公共产品的需求。董哲（2018）研究了"一带一路"背景下，金融合作的非政府组织路径。林永亮（2020）认为，进一步推进"一带一路"合作体系建设，需要突出相关机制和平台的先导性、专业性、务实性和道义性，着重做好对接工作，把先进理念、先进制度寓于动态对接过程中。

四是研究中国供给"一带一路"国际公共产品对参与全球经济治理的影响。王文和刘英（2015）以"一带一路"倡议为背景，提出了从人民币国际化来谋求全球治理体系变革的政策建议。王跃生（2016）阐述了通过"一带一路"倡议参与国际经济合作，以及引领和推动全球经贸格局的重构。叶卫平（2015）认为"一带一路"倡议孕育着国际经济新秩序因素，为构建新的全球经济治理体系提供可能。毛艳华等（2016）认为"一带一路"倡议相关议程着眼于为全球经济治理输出公共产品，体现了中国作为负责任大国的作用与地位。刘勇和张译文（2017）指出，中国作为全球经济治理的建设者和变革者，需进一步加强与国际经济秩序的对接，推进全球经济治理体制变革，争取更大的制度性话语权。盛斌和高疆（2018）认为，"一带一路"倡议以及新型金融机构等平台积极参与国际经贸新规则的制定，开创了中国在全球经济治理中角色的历史性转变。郭周明等（2020）认为，中国可主导构建"一带一路"国际金融新体制，引领区域金融治理，参与全球金融治理。沈铭辉和张中元（2019）分析指出，"一带一路"的机制化建设将引领包容性全球经济治理体系的构建与完善，实现对现有全球治理机制的有效改革，推动制定更加公正合理的全球治理规范。何颖珊（2020）阐述了作为新兴经济体的代表，中国致力于推进全球经济治理体系的完善，"一带一路"倡议是中国为完善全球价值链的治理模式做出的重要贡献。

（五）文献评述

本书通过当前对国内外已有文献的系统性梳理，发现学术界对国际公共产品及全球经济治理的相关研究成果颇丰，对"一带一路"国际公共产品与全球经济治理也进行了理论和实证研究。但国内对国际公共产品的研究起步较晚，且大多从政治学和国际关系学视角出发，系统运用经济学理论进行研究的文献较少，还存在一定的增长空间。已有文献尽管分别对"一带一路"与国际公共产品供给、"一带一路"与全球经济治理提出了相关对策建议，但将三者结合起来进行的研究尚有进一步提升的空间。基于此，本书将以全球经济治理为研究背景，分析"一带一路"国际公共产品的供给基础，对基础设施、科技、制度三大类典型的国际公共产品进行实证分析，并提出中国供给国际公共产品的可能性路径。

三 研究思路及主要内容

本书基于全球经济治理新形势的研究背景，从中国供给国际公共产品的意义入手，在全球经济治理的视野下定义国际公共产品的概念与边界，阐述国际公共产品供给理论基础，并通过构建博弈模型分析国际公共产品的供给，分析"一带一路"沿线国家从不合作走向合作的前提与转化条件，通过构建指标体系评价"一带一路"沿线国家综合发展水平与投资环境；进而分析中国参与供给"一带一路"国际公共产品的比较优势，以及面临的挑战、合作条件等，并在此基础上，实证分析"一带一路"基础设施类、科技类和制度类国际公共产品。最后，提出中国供给"一带一路"国际公共产品的路径选择和具体策略。本书的内容框架如图 1-1 所示。

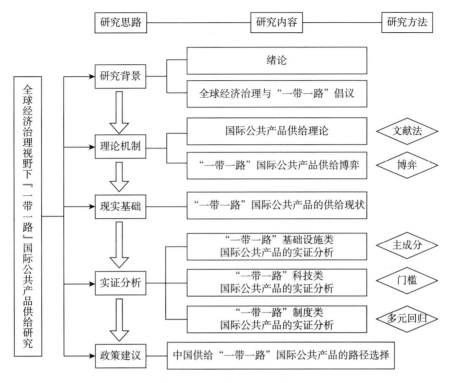

图 1 - 1 本书的内容框架

本书研究主要分为两个部分：通过对中国供给国际公共产品比较优势等的理论分析，对中国在"一带一路"建设和参与全球经济治理中可能产生的重大问题给予理论上的解释；通过基础设施、科技和制度三大类与全球经济治理密切相关的国际公共产品的实证分析，为中国供给"一带一路"国际公共产品提供思路、方法和政策建议。

四 研究方法与不足之处

本书涉及的研究方法主要有三种：一是文献综述法。本书对现有相关文献进行了系统性梳理，进而总结出现有文献尚存在的可提升空间，在实证分析部分借鉴了一些有参考意义的指标，为本书的研究提供理论基础。二是博弈分析法。分别建立动态非合作博弈模型和静态博弈模型来分析中国在供给国际公共产品时面临的挑战与困境及可能的解决方案。三是数理分析法。用主成分分析法对基础设施类国际公共产品进行分类与排序，对科技类公共产品进行门槛效应分析，对制度类公共产品的载体进行多元线性回归分析。

本书的研究还存在以下不足之处。第一，"一带一路"国际公共产品供给是中国当前经济社会发展中的重大课题，研究范围较广，涉及内容较多，本书的研究范围有限，只以基础设施类、科技类和制度类国际公共产品为研究重点进行了实证分析。第二，限于数据的获取具有较大难度，未能完整地取得"一带一路"沿线国家的最新数据，部分资料数据尚不完整，因而全书的数据年份并不完全一致，数据质量有待进一步提高。

第二章 全球经济治理与"一带一路"倡议

随着综合国力增强，面对当前复杂多元的国际形势和构建开放型经济体制的需要，中国适时提出"一带一路"倡议，这表明了中国主动参与全球经济治理和区域经济一体化建设的意愿及能力的提升。本章基于全球经济治理发展趋势及中国参与全球经济治理的演进轨迹，分析当前全球经济治理面临的风险与挑战，阐述"一带一路"倡议的原则及实践成果，为后文研究中国"一带一路"国际公共产品供给奠定基础。

第一节 全球经济治理及发展趋势

冷战结束后，世界多极化日趋显著，全球经济治理碎片化进一步加剧。2008 年美国的金融危机使国际社会开始对全球经济治理的有效性提出重大质疑。全球化进程进入新阶段，诸如国际金融危机、信息安全泄露、恐怖主义威胁等跨区域问题日益凸显。全球经济治理改革滞后导致国际公共产品供给不足，围绕全球经济治理规则的博弈成为国际政治经济的新动向。防控全球金融系统性风险、改革全球经济治理体系、重新规划全球经济合作成为全球经济治理的新议题，面对日益严重的全球"治理赤字"，亟须建立有效的合作机制和全球治理框架。

一 全球经济治理含义

从理论视角来看，全球经济治理就是提供一种国际公共产品，而这种公共产品体现为全球治理秩序，包含全球、区域、跨区域及其他新兴机制及配套秩序等内容。全球经济治理从属于全球治理，是全球治理的核心内容。全球经济治理源自建立国际经济秩序的需要，其宗旨在于通过规范国际经济制度，防范跨国经济风险，以建立有效的全球经济运行系统。全球经济治理的含义包括全球宏观经济治理、全球金融治理、全球贸易治理和全球产业治理等方面。全球经济治理的实质是通过国际力量合作有效提供国际公共产品，目的是在无政府状态下对全球经济治理进行完善。从公共产品的经济学原理来看，全球经济治理具有国际公共产品属性，反映了全球经济活动与治理的关系，是全球治理在经济领域的应用和延伸。由于不存在统一供给国际公共产品的世界政府，全球经济治理的有效性主要依赖于合作机制，以解决全球经济中的"市场失灵"。

在公共产品理论领域中，全球经济治理被界定为全球合作供应的国际公共产品，并引入外部性和公共产品这两个概念，将经济理论运用于全球治理研究框架（Stiglitz，2003）。其中，外部性是公共产品的特征，在国际经济环境中表现为一国经济状况发生变化势必会通过各种途径影响其他国家。公共产品既指全球生态环境等有形的公共产品，也指规则、协定、合作机制等无形的公共产品。世界银行对国际公共产品给出明确定义，即其为具有很强跨国外部性的商品、政策及服务等。从本质来看，国际公共产品通过合作保证充分供给，进而消除贫困、促进发展，最终目的是形成有效的集体合作行动，促进整体社会福利的改善。现今活跃在国际经济环境下的最常见的国际公共产品供给者是各种类型的国际组织，它们在全球经济治理过程中发挥着至关重要的作用。其中，金砖国家秉持开放、包容、非对抗的精神，解决金砖国家间的利益分歧、发展中国家的"搭便车"问题以及金砖国家与发达国家间的矛盾，推动国际货币体系的改革。此外，世界贸易组织通过监督贸易开展、执行贸易规则、组织多边谈判、解决贸易争端以推动建立一个更具活力、更持久的多边贸易体系，有效保障全球经济稳定运行。

由此可见，国际公共产品是解决全球"市场失灵"的公共产品，与一般公共产品相比具有更为明显的国际政治特征，是全球经济治理的重要组成部分。戴维·赫尔德指出，目前全球合作模式陷入僵局包括四个原因，分别是多极化程度加深、全球治理难度增大、制度惰性、治理机构分散。他进一步指出增加国际公共产品供给是走出全球治理僵局的重要路径。由此看出，国际公共产品供给在全球经济治理过程中发挥的作用不容轻视，缺少国际公共产品供给将会对国际经济环境产生难以预料的打击。

二　全球经济治理发展趋势

国际金融危机后，随着政策的调整和治理的变革，全球经济治理格局呈现新的发展趋势。全球合作治理机制议题方向发生变化，系统性的全球多边统一合作治理功能逐渐弱化。首先，全球多边合作机制进展缓慢，多边主义遭受冲击。以美国为代表的主要大国为转嫁国内矛盾、迎合民粹主义选民，选择降低全球治理秩序供给意愿，这种策略产生了较大的负面溢出效应，冲击着多边主义，阻滞全球经济治理的有效运行。其次，发达国家和新兴市场国家在全球经济治理结构上的治理意愿与能力逐步提升，区域性和跨区域性的合作治理机制正在兴起。

近年来，随着新兴大国与传统发达国家间的博弈关系日趋复杂化，全球经济治理机制地区化、碎片化趋势明显。面对全球经济治理的新动向，中国融入经济全球化浪潮和全球经济治理体系，发挥比较优势加入国际组织，积极成为国际政治秩序的维护者和全球经济治理的参与者。

如表2-1所示，第二次世界大战后建立的布雷顿森林体系是现行全球经济治理体系的基础，该体系的三大支柱分别是世界银行、国际货币基金组织、关税及贸易总协定。其以多边主义为治理方式推动国际贸易自由化，以具有约束力的规则为治理手段稳定国际金融秩序，对全球经济复苏发挥历史性作用。20世纪六七十年代，以美元为中心的布雷顿森林体系被牙买加体系所取代。与此同时，日本和西欧的崛起催生的七国集团（G7），为全球经济治理制定规则，并引领全球经济的发展方向。此外，欧盟、东盟以及亚太经合组织等其他区域性经济组织也在不断完善全球经济治理体系。2008年国际金融危机充分暴露了全球金融治理体系的缺陷，全球经济进入深度调整期和加速变革期。一方面，新兴市场经济体和发展中国家的群体性崛起使全球经济治理体系因代表性不足而面临合法性危机。另一方面，在国际金融危机背景以及G20框架下，国际金融体系改革加速。经济全球化使得世界各国相互依存、合作更加紧密，尽管其中的治理权力结构没有充分反映各国经济实力的对比变化，合作前景不确定性较强。发达国家内部仍然主导着治理规则和标准，发挥其比较优势而引领形成新的规则，并排斥新兴市场国家。新兴市场国家则通过金砖国家机制强化经济合作，但这只是对现有国际机制的有效补充，并未对国际体系造成冲击。

表2-1　全球经济治理体系变革

时间	全球经济治理体系变革	国际组织/协议
第二次世界大战后	布雷顿森林体系由国际货币基金组织（IMF）、世界银行（WB）以及关税及贸易总协定（GATT）〔1995年被世界贸易组织（WTO）所取代〕构成	国际货币基金组织（1945年）世界银行（1945年）关税及贸易总协定（1947年）世界贸易组织（1995年）
20世纪六七十年代后	布雷顿森林体系被牙买加体系取代，IMF、WB和GATT仍并存；七国集团（G7）通过IMF、WB和GATT等国际经济组织成为新的世界经济权力中心，为全球经济治理制定规则；欧盟、东盟、亚太经合组织等区域性经济组织不断发展和壮大，完善全球经济治理体系	东盟（1967年）七国集团（1975年）亚太经合组织（1989年）欧盟（1993年）
2008年国际金融危机后	全球经济治理体系进入加速变革期，二十国集团（G20）、金砖国家（BRICS）等全球经济治理平台诞生。在2009年G20匹兹堡峰会上，G20被确定为国际经济合作的首要平台。此外，鉴于WTO主导的贸易自由化进程严重受阻的现实，一系列区域和跨区域的经济一体化谈判加快推进	二十国集团（1999年）金砖国家（2009年）《巴塞尔协议Ⅲ》（2010年）《跨太平洋伙伴关系协定》（2002年）《跨大西洋贸易与投资伙伴关系协定》（2013年）《区域全面经济伙伴关系协定》（2012年）《日欧经济伙伴关系协定》（2019年）

三　全球经济治理面临的风险及挑战

1. 全球经济治理规则改革滞后

现行全球经济治理体制与国际经济格局脱节是造成经济全球化诸多深层次矛盾和问题的根本原因。在逆全球化思潮的影响下，保障经济全球化平稳度过深度调整期，无疑对现行全球治理体制改革提出了更加紧迫和现实的要求。自2008年国际金融危机以来，跨国投资持续低迷，多边贸易谈判步履维艰，各国贸易保护主义有所抬头，对外来投资的监管更趋严格。英国脱欧、美元加息预期等事件加剧了国际资本流动，导致了新兴市场经济体的金融脆弱性以及对货币战争的担忧。世界经济复苏乏力导致国际金融危机带来的政治后果进一步显现。同时，贫富分化、党派分歧、难民危机、族群冲突、恐怖主义等内外矛盾交织，致使西方国家的民粹主义、保护主义思潮泛滥，国家最高政治层面政策趋向保守化、内向化。经济全球化进程遭受重大挫折并进入深度调整期，同时其也对全球治理改革提出了更加紧迫的要求。

全球经济治理改革滞后还突出表现为全球治理理念亟待更新。全球治理理念需要不断演进和更新，以建立一个融合不同文明治理理念的新的全球治理体系。当今世界正在发生深刻的变化，新兴经济体正在强劲地进入世界体系。西方主导的全球治理严重依赖于国际规则治理，但是随着形势的变化，全球治理理念、原则和方式不能适应全球化突飞猛进的变化和解决大量涌现的全球性问题，国际规则的供给在质量上和数量上落后于实际的需求，现行的国际规则治理是不充分和低效率的，不能充分和有效地发挥全球治理功能。一方面，现行的国际规则本身就是为管理国际体系中的个体行为而不是为国际社会的整体治理而设计和制定的，所以在应对难民危机、气候变化、疾病传播、恐怖主义等全球性问题方面"力不从心"。另一方面，由于新兴经济体的加入，以西方国家理念和实践为依据而制定的国际规则的治理出现不充分、低效率的问题。全球治理的有效推进要求西方国家与新兴经济体携手合作，共同推动国际规则的改革与创新。

全球经济治理改革陷入僵局。第二次世界大战之后，西方发达国家主导建立了以国际货币基金组织、世界银行、关税及贸易总协定为代表的国际经济体制。冷战结束后，新兴经济体群体性崛起，逐渐融入原有的国际经济体制。在这种情形下，国际经济体制中权力分布与治理结构的矛盾越来越突出。因此，全球治理改革的一大主题就是在新兴经济体群体性崛起的大趋势下，提升新兴经济体在国际经济体制中的话语权。在世界贸易组织中，美国无法顺利推进其贸易议程，日益诉诸区域贸易协定、多边贸易协定，导致多边贸易体制边缘化的趋向。随着全球治理改革的深入，新兴经济体日益触及西方发达国家的主导权，全球经济治理改革因而陷入僵局。

2. 全球经济治理格局趋向多元化

近年来，新兴经济体的快速发展正在改变原有的国际发展格局，全球治理呈现治理理念和实践方式多元化的格局。与西方发展道路不同，以中国为代表的新兴经济体通过经济发展，采取逐步诱导适应性制度变迁的渐进式改革，实现转型的成功。新兴经济体以发展为中心的援助模式直接挑战了西方以治理为中心的援助模式。单向的二元格局逐渐向国家之间多元合作格局演变，全球发展治理模式面临变革。西方主导的国际发展援助是通过改变受援国的政治、经济和社会制度而实现的国际发展援助，并没有从根本上促进受援国的经济发展。其中，接受国际援助最多的非洲，在经济增长和减贫等方面没有明显进展，大规模援助的效果有限。西方发达国家主导的国际发展援助长期以来采取发展干预主义的方式，这是发展援助低效甚至无效的深层根源。

国际公共产品供给主体具有多元性，各国的制度安排相对复杂，存在风险治理存在边界模糊的状况。一方面，各国对风险缺乏统一判断，有关国际公共产品风险治理的目标不太明确，这加大了风险控制的难度。另一方面，导致风险产生的因素相对复杂，因果关系难以分辨。在"一带一路"倡议中，主要的两大工具是设施联通和经济合作。基础设施层面的合作能够有助于各国政府形成共鸣。但是，这种协同治理机制的建立与完善是一个长期动态的过程，需要对"一带一路"倡议中的治理风险进行识别和监管。加强对系统风险和非系统风险的防范刻不容缓，配套制度和政策落实不到位、信息共享与交流平台缺乏是多边协同治理面临的新困境。

3. 国际公共产品供需矛盾突出

全球经济治理的有效性要求国际公共产品供给充裕。一方面，随着全球化进程的深入推进，贸易争端、金融危机、环境污染、气候变化、恐怖主义、疾病传播、跨国犯罪等全球性问题层出不穷，世界各国对国际公共产品的需求日益增加。另一方面，大国博弈对全球治理的发展走向和治理格局产生重大而深远的影响。具体而言，发达国家国际公共产品的供给意愿和能力呈现下降趋势，国际公共产品的供给远远不能满足全球治理日益增长的需求，大国博弈加剧了国际公共产品的供需矛盾。为克服全球性难题，需要大国合作供给国际公共产品。大国关系与全球治理之间存在一定的矛盾关系，其决定着全球治理能否有序进行、治理费用能否充足提供以及治理绩效能否充分实现。新兴经济体和传统发达国家的身份差异等必然会使国际公共产品领域存在供给差异与需求差异。其中，中美关系的走向对全球治理的推进和改善有着深远的影响，在很大程度上决定着全球治理的未来图景。

尽管全球治理的现实诉求为塑造大国间的良性互动关系提供了动力、机遇与平台，但美国的霸权行为不仅破坏了现行全球治理基本原则，刻意忽视中国对全球治理秩序等公共产品的供给以及"供给—需求"的合理匹配，企图将中国排除出构建未来全球治理进程，制造了"脱钩局面"。然而，中国的缺席将严重影响全球治理的合法性与有效性，无益于筹集全球治理成本、提供国际公共产品和实现全球治理的既定目标。随着全球治理的进展，世界期待两大经济体的有效斡旋，为充满不确定性的世界提供确定性。

四　中国参与全球经济治理的演进轨迹

中国全球治理观为"一带一路"倡议的形成和实践提供了理论基础和发展方向。中国特色全球治理理念在社会主义建设实践中积累形成，"一带一路"倡议是多年来中国全球治理理念演进的重大突破。如图 2-1 所示，中国参与全球经济治理的演进轨迹可被归纳为适应阶段、调整阶段、主动阶段。20 世纪 70 年代末至 20 世纪末是中国参与全球治理中的适应阶段。在这一阶段，中国的经济政治体制仍处于转型升级的初级阶段，因而主要实行独立自主的不结盟外交政策，外交重点在于学习全球化共同规则和机制。改革开放后，随着国力的提升，中国逐渐开始主张"与世界接轨"，在政治、经济、文化等方面展开对外交流，参与并融入全球治理体系，但中国在全球治理中的角色的主动性仍比较有限。

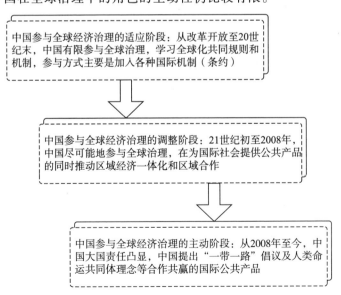

图 2-1　中国参与全球经济治理的演进轨迹

随着中国社会、经济、政治及国际化的不断发展，中国参与全球治理达到与国际规范和机制基本相适应的水平，中国进入参与全球治理的调整阶段。在继续为国际社会提供公共产品的同时，中国推动全球治理体系中规则、机制和制度的改革。一方面，全球治理的规则、机制和制度落后于国际政治、经济、文化实践的进步。另一方面，随着中国改革开放的深入发展，中国的国际经济地位和政治角色发生变化，也要求全球治理体系的规则、机制和制度不断创新。由被动内化到创新，中国作为世界主要行动者对全球经济治理做出贡献。

随着中国成为世界第二大经济体，中国进入参与全球治理的主动阶段。在全球化日益复杂的同时，全球治理体系改革的滞后性在一定程度上阻碍了中国等新兴经济体有效参与全球治理，导致治理效率低下。中国大国责任凸显，提出"一带一路"倡议，向国际社会提供了一系列公共产品。中国提出全球价值取向的人类命运共同体理念，努力为全球治理贡献中国智慧。

第二节 "一带一路"倡议及实践

一 倡议的提出

"一带一路"倡议包含"丝绸之路经济带"和"21世纪海上丝绸之路"。"一带一路"倡议与沿线国家发展需求相适应，以共商、共建、共享为原则，以和平合作、开放包容、互学互鉴、互利共赢的丝绸之路精神为指引，以政策沟通、设施联通、贸易畅通、资金融通、民心相通为重点。在当前国际公共产品供给严重不足的背景下，"一带一路"倡议的提出与推进预示着中国将更加积极主动地参与全球经济治理，在积极推动全球经济治理体系变革的过程中，从国际经济规则的接受者转变为规则的参与者。

"一带一路"倡议是中国从国家层面提出的国际区域合作倡议，旨在与沿线各国建立一个新的自由贸易与区域合作共同体。当前，全球经济治理体系进入重构关键期。在推动全球经济治理体系变革进程中，中国作为世界第二大经济体，积极承担国际责任、参与全球经济治理体系的变革。

适时提出"一带一路"倡议有利于推动全球经济治理体系优化，对全球经济治理变革产生深远影响。近年来，随着"一带一路"倡议深入推进，中国与沿线国家建立了一个新的自由贸易与区域合作共同体，共同推动双边和多边发展。总的来说，供给"一带一路"国际公共产品是中国参与全球经济治理的有力手段，有利于推动建设开放型世界经济，构建合作共赢的国际合作平台。具体来看，"一带一路"倡议推动亚太经济一体化进程，因此具有区域性公共产品的属性；"一带一路"倡议的开放、包容、互惠特征及其共同发展的理念也为全球经济治理体系的变革提供了典范，所以又具有全球性公共产品的属性。因此，"一带一路"倡导开放合作、共享普惠红利，可以说是"源自中国，属于世界"的新型国际公共产品。综合来看，供给"一带一路"国际公共产品对中国及沿线国家具有以下意义。

1. 彰显大国责任感

当今国际公共产品供给短缺，中国承担起了世界经济"火车头"的重任，并履行"应势而为，勇于担当"的职责。中国在国际合作中倡导"多予少取"的新型义利观，向国际社会主动提供国际公共产品，改变周边国家经济发展环境，推动各国互利共赢，为各国的稳定与发展做出贡献。中国不仅是世界第二大经济体，还是新兴经济体的重要代表，在改革开放的过程中收获了丰富的发展经验。中国曾受惠于经济全球化，但不会停留于受惠或"搭便车"，而是将作为建设者积极参与全球经济治理，为全球经济复苏注入信心和动力。中国在"一带一路"倡议背景下，以互利共赢为原则，以共同发展为方向，主动与沿线国家建立合作关系，为之提供具有借鉴意义的发展经验，改善沿线国家的经济发展环境，使之搭上中国发展的"顺风车"。

中国提出并推进"一带一路"倡议，彰显了大国责任感。自中国改革开放以来，西方世界对中国的猜疑持续不断，甚至扭曲中国参与全球经济治理的动机。从"一带一路"倡议创造的成果来看，合作共赢的理念正得到进一步的体现，中国负责任大国的形象日益得以彰显，向世界展示了中国的责任意识与大国担当。

2. 谋合作共赢之利

从世界经济格局以及国际合作机制的角度来看，"一带一路"倡议是中国深化对外开放的重要举措，对全面提高国家开放型经济水平具有极其重要的意义。作为基于开放性和包容性的国际发展合作平台，"一带一路"倡议首先鼓励带动中国西部地区以及周边内陆国家发展，推动中国与沿线国家的合作与对话，建立平等的新型共同发展合作伙伴关系，将中国的产能优势、技术和资金优势、经验与模式优势转化为市场与合作优势。

"一带一路"倡议为建设开放型世界经济、搭建互助合作的国际发展平台发挥了重要作用。世界经济论坛 2019 年发布的《全球竞争力报告》显示，"一带一路"沿线国家中只有少数国家竞争力达到世界平均水平，基础设施建设的落后在一定程度上阻碍了各国经济的发展。"一带一路"倡议强调基础设施建设合作。中国在铁路、公路、通信等方面的技术曾得到"一带一路"沿线国家普遍认可，进行此类建设也具有充足的经验，在"一带一路"倡议的推动下，中国为沿线国家改善经济发展环境，帮助不发达地区脱离贫困、实现经济增长创造条件。中国通过"一带一路"倡议，与广大发展中国家在资源、产能等方面优势互补，从而促使中国与沿线国家更好地实现经济较快且可持续发展的目标，推动创造和培育国内、区域以至全球范围的新经济增长点，夯实世界经济长期稳定发展的基础。

从长远来看，以互利共赢为原则的"一带一路"倡议将有助于缓解全球发展不平衡，缩小贫富差距，完善现有的全球治理体系，推动形成国际合作和全球治理新模式。"一带一路"倡议认为发展不是零和博弈，而是合作共赢。在"一带一路"倡议下，全球治理应该注重弥补发展中国家的关键投资缺口，促进发展中国家之间的密切合作，进而实现共同发展。

3. 共建区域合作新模式

"一带一路"倡议提出，形成文明、和谐、共融的利益共同体、责任共同体、命运共同体，打造国际关系新格局。"一带一路"倡议提出了人类命运共同体理念，以全球人民的共同利益为目标的担当是前所未有的，人类命运共同体理念的提出势必重塑既有的地缘政治与经济格局，对探索建立新型全球治理模式具有深刻意义。"一带一路"倡议提出的人类命运共同体理念，与由霸权主义国家主张的以控制他国经济命脉、插手他国政治制度为目的的"新丝绸之路计划"有本质不同。"一带一路"倡议不仅不同于以往西方发达国家提出的任何计划，也不同于经济联盟和各种附加政治条件的对外援助。"一带一路"倡议不设置包括政治条件或经贸标准在内的各种准入门槛，各国平等参与、互利共赢；不具有排他性，坚持共商（合作机制）、共建（合作项目）、共享（合作成果）原则，欢迎世界各国一同参与、共同建设。总体来看，"一带一路"建设本质上是一项以互利共赢为目的的商业活动，中国提出"一带一路"倡议，可以进一步强化区域经济合作机制，促进全球经济可持续增长。共商、共建、共享的合作原则为 21 世纪的国际合作带来了新的模式选择。

二　倡议的实践成果

随着"一带一路"倡议深入推进，沿线国家对共建"一带一路"倡议的认同感和参与度不断提高。"一带一路"倡议已经从理念转化为行动、从愿景转化为现实，是中国参与全球开放合作、改善全球经济治理体系、促进全球共同发展繁荣、推动构建人类命运共同体的中国方案。[①]"一带一路"倡议提出后，得到沿线国家和国际组织积极响应，受到国际社会广泛关注，影响力日益扩大。从谋篇布局的"大写意"到精谨细腻的"工笔画"，"一带一路"倡议自提出至今蓬勃发展，取得的成就有目共睹。

"一带一路"倡议以和平合作、开放包容、互学互鉴、互利共赢的丝绸之路精神为指导，与各国携手"一带一路"建设。中国与沿线国家在各领域的合作与交流为世界经济增长增加新动力，为全球经济社会发展增加新潜力，为实现联合国可持续发展目标做出贡献。"一带一路"倡议在政策对接，基础设施投资，经济走廊、经贸合作区、产业园区建设科技创新，人文交流等领域取得丰硕成果，成为中国参与全球开放合作、促进全球共同发展繁荣、推动人类命运共同体建设的"中国纲领"，对全球经济治理机制和规则产生了深远影响。

（1）在政策沟通方面，国际共识不断扩大。一是共建"一带一路"倡议已被写入联合国等组织的有关文件中，"一带一路"沿线国家已由亚欧延伸至非洲、拉美等区域，中国与欧亚经济联盟、哈萨克斯坦"光明之路"、蒙古国"发展之路"、匈牙利"东扩"、印度尼西亚"全球海洋枢

---

① 中国一带一路网，https://www.yidaiyilu.gov.cn。

纽"、菲律宾"大建设、大规划"共同实施"一带一路"倡议。二是签署共建政府间合作文件的国家和国际组织数量逐年增加。截至 2019 年 3 月底，中国政府已与 126 个国家或地区和 29 个国际组织签署了 173 份"一带一路"建设合作文件。三是专业领域对接合作有序推进。"数字丝绸之路"建设是"一带一路"建设的重要组成部分，中国与埃及、老挝、沙特阿拉伯、塞尔维亚、泰国、土耳其、阿联酋等国家共同发起"'一带一路'数字经济国际合作倡议"，与 16 个国家签署了加强"数字丝绸之路"建设合作文件。

（2）在设施联通方面，标志性项目取得实质性进展。设施联通是共建"一带一路"的优先方向，以铁路、公路、港口、航空、管道、空间综合信息网络等为核心的全方位、多层次、复合型基础设施网络正在加快形成。国际经济合作走廊和通道建设取得明显进展，六廊六路、多国多港的合作格局基本形成。建立和加强各国互联互通伙伴关系，将亚洲经济圈与欧洲经济圈连接起来，有效促进跨区域资源要素的有序流动和优化配置，降低区域间商品、资金、信息、技术等交易成本，激活亚欧大市场的活力与潜力。新亚欧大陆经济走廊合作日益深入，有力推动亚欧两大洲经济贸易交流。在中蒙俄经济走廊，以铁路、公路、边境口岸为主体的跨境基础设施互联互通网络稳步推进。中国—中亚—西亚经济走廊在能源、基础设施互联互通、经贸、产能等方面不断深化合作，中亚和西亚地区的基础设施建设不断完善。在铁路基础设施合作方面，中老铁路、中泰高铁、雅万高铁、匈塞铁路等建设合作项目稳步推进。在公路基础设施合作方面，中吉乌国际公路运输正常运行，中越北仑河公路第二座大桥已建成通车。在港口基础设施合作方面，瓜达尔港、汉班托塔港、比雷埃夫斯港、哈利法港进展顺利。在航空运输基础设施方面，中国与 126 个国家或地区签署了双边政府间航空运输协定。在能源基础设施建设方面，中俄原油管道稳定运行，中缅油气管道全线贯通。在通信基础设施建设方面，中缅、中巴、中吉、中俄跨境光缆建设取得成果，丝绸之路光缆工程取得实质性进展。"一带一路"各区域在设施联通方面的主要成果见表 2 - 2。

表 2 - 2 "一带一路"各区域在设施联通方面的主要成果

地区	主要成果
欧洲及中亚	中欧班列（包括七条线路：蓉欧班列——成都至波兰罗兹、荷兰蒂尔堡；渝新欧——重庆至德国杜伊斯堡；汉新欧——武汉至捷克梅林克帕尔比采；苏满欧——苏州姑苏至波兰华沙；郑欧班列——郑州至德国汉堡；义新欧——义乌至西班牙马德里；湘欧班列——长沙至德国杜伊斯堡）；亚欧信息高速公路；中欧"安智贸"（项目全称"中欧安全智能贸易航线试点计划"）首条铁路专列；中欧丝路高通量卫星；匈塞铁路（自匈牙利首都布达佩斯至塞尔维亚首都贝尔格莱德，全长 350 公里，其中匈牙利境内 166 公里、塞尔维亚境内 184 公里），该铁路为电气化客货混线快速铁路；莫斯科中国贸易中心项目；中俄原油管道；"中亚第一铁路隧道"（安格连—帕普铁路隧道）全面通行客货运列车；中哈液化气铁路运输线路贯通；中哈达成多个油气合作项目（形成了集油气勘探开发、管道建设与运营、工程技术服务、炼油和销售于一体的完整的上、中、下游业务链，建立了一套符合当地法律法规和国际惯例的公司制法人治理结构及管控体系）；中乌天然气管道新布哈拉调控中心项目；土库曼斯坦—中国天然气管道
非洲及西亚	伊朗大型水利项目（鲁德巴项目）；亚吉铁路（埃塞俄比亚至吉布提铁路）——世界首条全产业链实施"中国标准"的跨国电气化铁路、非洲首条电气化铁路；（坦桑尼亚）尼雷尔跨海大桥；吉布提国际自贸区；中埃·泰达苏伊士经贸合作区；连接阿塞拜疆、格鲁吉亚和土耳其三国的巴库—第比利斯—卡尔斯跨国铁路；"拉祖里特"跨境运输走廊（阿富汗、阿塞拜疆、格鲁吉亚、土耳其、土库曼斯坦）
东南亚	北斗卫星定位综合服务系统基站落户老挝；中泰高铁；中老铁路；中国·越南（深圳—海防）经济贸易合作区；"青凭越"海铁联运国际班列（自韩国仁川始发海运到达青岛，再从该中心站发运经广西凭祥过境抵达越南谅山、同登、河内等地）；中印尼合作青山工业园区；"两国双园"国际合作新模式（中国—马来西亚钦州产业园区、马来西亚—中国关丹产业园区）；雅万（雅加达至万隆）高铁项目；中缅油气管道项目；中越国际货运班列（昆明—老街—河内—海防）；中新"南向通道"——一条以重庆为基点、向北连接"丝绸之路经济带"、向南连接"21 世纪海上丝绸之路"、纵贯西部的国际联运新动脉；中国、老挝、越南电网互联互通；大摩拉岛大桥——文莱首座跨海大桥；中缅国际通道；中新（重庆）国际互联网数据专用通道
南亚	中巴合作项目巴基斯坦瓜达尔港自由区；巴中光纤电缆项目（从巴基斯坦拉瓦尔品第到中国新疆红其拉甫的兆瓦光纤）；粤藏中南亚班列（从广州大朗出发，经成渝铁路、青藏铁路、拉日铁路、日喀则至吉隆公路，转战吉隆口岸出境，抵达尼泊尔加德满都，全程 6070 公里，其中铁路 5200 公里、公路 870 公里）；中国—斯里兰卡工业园；中巴经济走廊两个能源领域项目（瓜达尔港 300 兆瓦燃煤电站项目、默蒂亚里至拉合尔高压输变电项目）；"中巴经济走廊"最大交通基础设施项目——白沙瓦至卡拉奇高速公路（苏库尔至木尔坦段）；"中巴经济走廊"首个落地能源项目——巴基斯坦卡西姆港燃煤电站；中斯汉班托塔港合作项目；中尼跨境互联网光缆；中巴首条陆地直达光缆

地区	主要成果
其他地区	东亚：韩中蒙国际海铁联运直达列车、中企承建蒙古国第一条高速公路 大洋洲：巴布亚新几内亚公路升级改造 南美洲：中企承建 300 兆瓦光伏电站项目（阿根廷北部沙漠地区）

注：基础设施方面的建设成果根据"中国一带一路网"整理得到，其中基础设施项目均由中国企业独资或合资参与建设，包括部分在建项目。

（3）在贸易畅通方面，经贸投资合作不断拓展。贸易畅通是共建"一带一路"的重要内容。第一，中国发起"推进'一带一路'贸易畅通合作倡议"，与东盟、新加坡、巴基斯坦、格鲁吉亚等多个国家和地区签署自由贸易协定，自由贸易区网络体系逐步形成。同时，进一步拓展外资准入领域，营造高标准的国际营商环境，加强各国参与经济全球化的广度和深度。设立面向全球开放的自由贸易试验区，不断推动自由贸易港的形成，积极推进通关"绿色通道"的建设。第二，吸引沿线国家来华投资。中国将平均关税水平从加入世界贸易组织时的 15.3% 降至 2019 年的 7.5%，沿线国家和地区贸易与投资自由化、便利化水平不断提升，自由贸易区网络体系逐步形成。第三，跨境电子商务等模式正成为推动贸易畅通的重要新生力量，贸易规模持续扩大。2013～2018 年，中国与沿线国家货物贸易额超过 6 万亿美元，占中国货物贸易总额的比重达到 27.4%。"丝路电商"合作蓬勃兴起，2018 年，通过中国海关跨境电子商务管理平台进出口商品零售总额达 203 亿美元，同比增长 50%，"一带一路"沿线国家的贸易畅通得到极大提升。第四，中国与沿线国家的境外经贸合作区建设也取得显著成果，境外经贸合作区名录如表 2-3 所示，经贸合作为"一带一路"沿线各国的收入创造了新的来源与渠道。

表 2-3 境外经贸合作区名录

序号	合作区名称	境内实施企业名称
1	柬埔寨西哈努克港经济特区	江苏太湖柬埔寨国际经济合作区投资有限公司
2	泰国泰中罗勇工业园	华立产业集团有限公司
3	越南龙江工业园	前江投资管理有限责任公司
4	巴基斯坦海尔—鲁巴经济区	海尔集团电器产业有限公司
5	赞比亚中国经济贸易合作区	中国有色矿业集团有限公司

续表

序号	合作区名称	境内实施企业名称
6	埃及苏伊士经贸合作区	中非泰达投资股份有限公司
7	尼日利亚莱基自由贸易区（中尼经贸合作区）	中非莱基投资有限公司
8	俄罗斯乌苏里斯克经贸合作区	康吉国际投资有限公司
9	俄罗斯中俄托木斯克木材工贸合作区	中航林业有限公司
10	埃塞俄比亚东方工业园	江苏永元投资有限公司
11	中俄（滨海边疆区）农业产业合作区	黑龙江东宁华信经济贸易有限责任公司
12	俄罗斯龙跃林业经贸合作区	黑龙江省牡丹江龙跃经贸有限公司
13	匈牙利中欧商贸物流园	山东帝豪国际投资有限公司
14	吉尔吉斯斯坦亚洲之星农业产业合作区	河南贵友实业集团有限公司
15	老挝万象赛色塔综合开发区	云南省海外投资有限公司
16	乌兹别克斯坦鹏盛工业园	温州市金盛贸易有限公司
17	中匈宝思德经贸合作区	烟台新益投资有限公司
18	中国·印尼经贸合作区	广西农垦集团有限责任公司
19	中国印尼综合产业园区青山园区	上海鼎信投资（集团）有限公司
20	中国·印尼聚龙农业产业合作区	天津聚龙集团

资料来源：中华人民共和国商务部网站。

（4）在资金融通方面，多元投融资体系，为共建"一带一路"提供资金支持。资金融通是共建"一带一路"的重要支撑，自"一带一路"倡议提出以来，中国成立多边开发融资合作中心，设立丝路基金，发起成立亚洲基础设施投资银行，推动各类银行和保险机构等为"一带一路"项目建设提供资金保障，人民币国际支付、投资、交易、储备功能稳步提升。2019年，中国与"一带一路"沿线国家办理人民币跨境收付金额超过2.73万亿元，占同期人民币收付总额的13.9%。[①] 截至2019年末，从本币互换来看，中国央行已经与"一带一路"沿线27个国家的央行签署本币互换协议，如表2-4所示，在8个"一带一路"沿线国家建立了人民币清算机制。从机构设置来看，共有11家中资银行在"一带一路"沿线国家设立了79家一级分支机构（包括19家子行、47家分行和13家代表

---

① 资料来源：《2020年人民币国家计划报告》。

处）。已有来自"一带一路"沿线的 23 个国家的多家银行在华设立了机构（包括 7 家法人银行、17 家外国银行分行和 34 家代表处）；从金融监管来看，截至 2019 年末银保监会已与 83 个国家和地区的金融监管当局签署了 120 份监管合作谅解备忘录（MOU）或监管合作协议，并通过高层和跨部委双多边对话机制加强跨境监管合作。①

表 2 - 4　与中国签署双边本币互换协议的"一带一路"沿线国家

地区	"一带一路"沿线国家总数（个）	签署协议国家数量（个）	签署协议国家名称
总计	71	27	
东亚	2	2	蒙古国、韩国
东南亚	11	5	新加坡、马来西亚、泰国、菲律宾、印度尼西亚
南亚	8	2	巴基斯坦、斯里兰卡
中亚	5	3	哈萨克斯坦、塔吉克斯坦、乌兹别克斯坦
西亚	18	5	阿联酋、土耳其、亚美尼亚、卡塔尔、格鲁尼亚
东欧	20	6	俄罗斯、白俄罗斯、阿尔巴尼亚、乌克兰、匈牙利、塞尔维亚
非洲	5	3	摩洛哥、埃及、南非
中美洲	1	0	
大洋洲	1	1	新西兰

资料来源：参考《"一带一路"欧亚地区项目资金融通的评估研究》，根据《2020 年人民币国际化报告》整理。

（5）在民心相通方面，人文交流合作不断深入。如表 2 - 5 所示，民心相通是共建"一带一路"的人文基础。一是开展形式多样、领域广泛的公共外交和文化交流活动，增进相互理解和认同，为共建"一带一路"奠定了坚实的民意基础。二是教育培训成果丰富，中国与 24 个沿线国家签署高等教育学历学位互认协议。三是促进科技创新成果向沿线国家转移。中国与沿线国家签署 46 项科技合作协定，中国发起成立"一带一路"智库合作联盟、丝路国际智库网络、高校智库联盟及"一带一路"国际科学组织联盟，先后启动中国—东盟、中国—南亚等科技伙伴计划，与东盟、南

---

① 《中资银行在"一带一路"沿线国家设立 79 家一级分支机构》，中华人民共和国商务部网站。

亚、阿拉伯国家、中亚、中东欧共建 5 个区域技术转移平台,为共建"一带一路"培养国际化人才。四是旅游合作逐步拓展,创办丝绸之路旅游市场推广联盟、海上丝绸之路旅游推广联盟、"万里茶道"国际旅游联盟等旅游合作机制。五是卫生健康合作不断深化,中国同多个国家、国际组织和非政府组织(NGO)签署推动卫生健康合作的协议,召开"一带一路"暨"健康丝绸之路"高级别研讨会,联合开展卫生健康合作,建立中医药海外中心、中医药国际合作基地。六是救灾、援助与扶贫持续推进,中国向沿线发展中国家提供紧急粮食援助,开展援外文物合作保护、涉外联合考古和社会组织合作项目。

表 2 - 5 中国与"一带一路"沿线国家文化交流方面的主要成果

(1)中国与 24 个沿线国家签署高等教育学历学位互认协议
(2)丝绸之路沿线民间组织合作网络成员已达 310 家
(3)中国与 57 个沿线国家缔结了涵盖不同护照种类的互免签证协定,与 15 个国家达成 19 份简化签证手续的协定或安排
(4)2018 年中国出境旅游人数达 1.5 亿人次,到中国旅游的外国游客人数达 3054 万人次,俄罗斯、缅甸、越南、蒙古国、马来西亚、菲律宾、新加坡等国成为中国主要客源市场
(5)在 35 个沿线国家建立了中医药海外中心,建设了 43 个中医药国际合作基地
(6)中国与中东欧、东盟、俄罗斯、尼泊尔、希腊、埃及、南非等国家和地区共同举办文化年活动,形成了"丝路之旅""中非文化聚焦"等十余个文化交流品牌,在沿线国家设立了 17 个中国文化中心
(7)在 54 个沿线国家设有 153 所孔子学院、149 个孔子课堂
(8)2017 年沿线国家 3.87 万人接受中国政府奖学金来华留学,占奖学金获得者总数的 66%
(9)中国科学院在沿线国家设立硕士生、博士生奖学金和科技培训班,已培训 5000 人次
(10)中国与蒙古国、阿富汗等国,世界卫生组织等国际组织,比尔及梅琳达·盖茨基金会等非政府组织相继签署了 56 个推动卫生健康合作的协议
(11)中国向沿线发展中国家提供 20 亿元人民币紧急粮食援助,向南南合作援助基金增资 10 亿美元,在沿线国家实施了 100 个"幸福家园"、100 个"爱心助困"、100 个"康复助医"等项目
(12)与沿线 6 国开展了 8 个援外文物合作项目,与沿线 12 国开展了 15 个联合考古项目
(13)向老挝等国提供地震监测仪器设备,在柬埔寨、尼泊尔开展 24 个社会组织合作项目

资料来源:推进"一带一路"建设工作领导小组办公室《共建"一带一路"倡议:进展、贡献与展望》。

作为国际公共产品,"一带一路"倡议具有明显的正外部性。中国一直以来都倡导互利共赢的共同发展理念,对全球经济治理贡献巨大。

与此同时，"一带一路"倡议仍然面临一些挑战。为了进一步促进"一带一路"倡议高质量发展，一方面要遵循现有的国际规则及标准，做好规则及标准的交流与沟通；另一方面要更加积极地参与全球治理体系的变革，更加平衡地反映共建"一带一路"的意愿和利益，促进全球经济可持续发展。所以，在新的时代背景下，有必要基于全球经济治理，促进中国"一带一路"倡议国际公共产品的实践，推动中国供给国际公共产品理论的构建。

三　倡议面临的挑战

"一带一路"倡议旨在构建全球命运共同体，已经赢得沿线国家和国际组织的积极响应。"一带一路"倡议基于复杂系统的角度，国际公共产品的潜在风险是具有随机性及模糊性的（范如国，2017）。可见，"一带一路"倡议是一项长期、复杂而艰巨的系统工程，其在推进实施的进程中，仍面临来自东道国政治、经济、文化、法律等诸多方面的不确定性因素。随着"一带一路"倡议的扎实推进，国际社会对"一带一路"倡议的认识越来越正面、深刻和具体，关于"一带一路"倡议的论坛、研讨会接连不断，如何把握"一带一路"倡议带来的机遇成为关注热点。

（一）沿线国家对"一带一路"倡议的反响

"一带一路"倡议的感召力日益增强，越来越多的国家积极响应和支持这一倡议，想参与其中并获得发展机遇。除此之外，中国通过"一带一路"倡议加强与各国的联系，营造良好的周边环境，这对世界和平与发展起到了积极作用。中国提出的"一带一路"倡议契合各国基础设施建设以及生产发展的需要，得到沿线国家的广泛认可和积极参与。

由于受不同文化和政体影响而导致的认识分歧，沿线国家对"一带一路"倡议的认同存在差异。"一带一路"倡议覆盖范围包括中亚、中东、南亚和中东欧等区域，国家众多，面临诸多挑战。

从历史角度看，由于"一带一路"沿线地缘政治关系错综复杂，"一带一路"沿线成为大国博弈的区域。中国积极发展对"一带一路"沿线国家的直接投资势必会介入传统大国的势力范围，引发相关大国的警惕与戒备，进而构成中国对沿线国家直接投资的困难与障碍。

（二）沿线参与国家的政治经济差异

由于"一带一路"倡议不是正式的区域合作制度安排，各个国家的经济基础、社会结构、文化宗教等存在差异，利益协调困难。"一带一路"沿线国家在参与的广度和深度上呈现异质性。"一带一路"倡议面临着经济、安全和道德风险（倪建军和陈旸，2017）。

一是经济发展水平差异大。"一带一路"倡议跨越亚欧非大陆，包含欧洲发达国家和新兴发展中经济体，不同国家的经济发展水平和市场化水平差异明显。经济环境相对稳定且市场化水平高的地区能够为企业投资创造便利条件；反之，市场进入难度大、法律法规不健全会增大企业投资评估难度，制约建设成果的合作共享。"一带一路"倡议基于沿线国家对国际公共产品的需求偏好，降低合作门槛，在一定程度上会造成参与国和企业主体在收益分配方面的矛盾。

二是民族宗教矛盾复杂。"一带一路"沿线大多数国家存在多元宗教信仰并存的现象。民族宗教矛盾等非传统不安全因素会增大沿线国家合作难度，影响当地投资环境，对"一带一路"倡议及沿线工程建设构成挑战。

三是法律法规体系的健全程度存在较大差异。"一带一路"倡议面临着尚未形成有约束力的协定、经济治理机制缺位、支撑性平台作用有限以及多边协同治理合作困难等情况。

（三）全球经济治理中的大国博弈

当前全球经济治理体系面临诸多弊端，动荡的国际政治格局和复杂的社会环境为经济一体化带来负面的示范效应。从理论上看，中国参与全球经济治理的话语权并没有获得与其经济实力相匹配的提升，具体表现为中国在传统的全球经济治理制度中的话语权相对不足，在全球经济治理议题设置能力、谈判能力和话语影响力等方面与其世界第二大经济体的地位不相匹配。虽然发展中国家在国际货币基金组织等国际组织中的投票权份额得到提高，但其话语弱势的地位没有得到根本性改变（陈伟光和王燕，2019）。"一带一路"倡议被西方国家牵强附会地同"贸易保护主义"混为一谈。与此同时，"一带一路"倡议缺乏强制性的治理机制仍是阻碍其深入推进的不利因素，如何将"一带一路"倡议融入现有的国际规则成为当前推进倡议面临的关键问题。

第三节 "一带一路"倡议对全球经济治理的影响

作为新兴的全球经济治理理念，"一带一路"倡议逐渐从理念、倡议、愿景转变成一个机制化的合作平台。"一带一路"倡议被写入联合国等组织的有关文件，有利于实现中国与沿线国家的对接，提高了中国在全球经济治理中的制度话语权，对全球经济治理体系产生了深远影响。

一 构建沿线国家多边合作机制

"一带一路"倡议成为中国参与全球开放合作、促进全球共同发展繁荣、推动构建人类命运共同体的"中国方案"，对全球经济治理机制和规则产生了深刻影响。当前，"一带一路"倡议已完成理念宣示和外交磋商，进入规划设计和部分合作项目深入推进阶段。"一带一路"倡议作为一种国际公共产品，遵循共商、共建、共享原则，依托双边和多边的国际合作机制，通过实施互联互通，助力"一带一路"沿线各国全面推进务实合作。在"一带一路"倡议的实施过程中，中国充分利用现有的全球经济治理体系，同时，结合亚投行和丝路基金等与多边开发银行互补的投融资和发展合作机构，促进区域经济在现有国际经济体系下可持续发展。

共建"一带一路"有助于形成中国参与全球经济治理的合作试验地。沿线国家在经济发展进程中均面临如基础设施薄弱、传统贸易壁垒偏高、互联互通不足、产业链位次偏低和就业不充分等发展瓶颈。"一带一路"沿线是发展中国家的聚集区，中国作为最大的发展中国家，基础设施建设实力迅速提升，应发挥比较优势将中国与沿线国家的供需对接，形成公路、铁路、航空、港口和海岸的互联互通。这将有助于发展中国家形成合力，解决贸易壁垒偏高的问题，融入开放型国际经济体系，进一步推动全球经济治理体系改革，通过共建"一带一路"打造中国参与全球经济治理的合作试验地。

二 推动共建全球经济治理规则

"一带一路"倡议可完善现有全球治理的规则和制度体系。"一带一路"

倡导多边合作的话语体系，与以往的全球治理体系倡导的大国协调机制不同，其在尊重现有全球经济治理规制的基础上，构建更具包容性和更多元化的合作体系，确保沿线国家和地区平等享受合作发展的福利。"一带一路"倡议体现全球均衡的发展理念，推动建立可持续的全球经济治理体系。其所涉及和解决的不仅是中国单个国家的发展问题，其还致力于解决沿线国家贫困、实现可持续发展等全球性问题与挑战。从全球经济治理的效果来看，"一带一路"倡议体现着更深层次全球发展的话语理念，完善在经济、金融、基础设施、政治、人文等方面协同发展的话语体系。

"一带一路"倡议可解决国际公共产品供给不足的问题，有效地弥补全球和区域治理体系中存在的不足。目前的全球经济治理格局并未充分体现发展中国家的代表性和话语权，全球多边机制薄弱，缺乏全球治理体系，体制性障碍和排他性区域体系正在形成。由于发展中国家特别是新兴市场国家是全球经济治理改革的主要推动力，中国通过"一带一路"倡议形成发展中国家和新兴市场国家的多层次合作机制，以适应逐渐变化的国际经济格局，弥补传统多边机制的不足。此外，人民币在沿线国家的结算将成为一种市场选择，这种结算体系的公益功能也将逐步显现。"一带一路"倡议引进亚投行、丝路基金等相应的金融机构，不断推动人民币国际化进程，贸易的公平性和盈利能力也能得到有效保障。

三　提升在全球经济治理制度中的话语权

"一带一路"倡议是中国应对当前国际规则话语权竞争的行为。"一带一路"倡议积极推动政治共同体、经济一体化、文化共同体、责任共同体和命运共同体的建立，不断加强各国之间的相互交流与联系，通过调整资本输出的流向优化在全球范围内的布局，有效提升在全球经济治理中的制度话语权。2008 年国际金融危机后，全球经济治理呈现明显的碎片化趋势，以国际规则为核心的治理方式成为主导。对国际规则形成和改进的影响力成为各个经济主体参与全球经济治理的关键因素，并由此引发新的国际规则建构与话语权博弈。"一带一路"倡议提出崭新的全球经济治理模式，为中国提升自身的制度话语权提供契机。

"一带一路"倡议作为中国和沿线国家共同构建的制度公共产品，有制度类国际公共产品的属性特征。由于中国倡导的"一带一路"倡议不存在俱乐部特征的排他性,"一带一路"倡议构建了一种跨区域合作框架和制度,因而成为加速经济全球化和区域经济一体化的助推器。尽管相较于西方国家,中国全球经济治理的经验有限,在推动全球经济治理方面面临复杂的国际形势和国内问题,但中国在推进经济全球化的进程中,能够尊重各国共同发展的诉求,适时提出了"一带一路"倡议,得到国际认同,承担更多的国际责任,因而也必将提升自身在全球经济治理中的地位和话语权。

第四节　小结

本章基于全球经济治理的发展趋势及中国参与全球经济治理的演进轨迹,分析当前全球经济治理面临的风险与挑战,为阐述"一带一路"倡议的意义构建背景框架。当前国际政治经济秩序日趋多极化和复杂化,全球经济治理碎片化进一步加剧,现行全球治理体制与世界经济格局脱节是造成经济全球化诸多深层次矛盾和问题的根本原因。"一带一路"倡议是多年来中国全球治理理念演进的重大突破。随着中国参与全球经济治理的意愿和能力的提升,面对复杂多元的国际形势和构建开放型经济体制的需要,中国作为新价值理念的引领者、国际制度的共建者、全球方案的贡献者和集体行动的参与者,适时提出"一带一路"倡议,通过共商的合作机制、共建的合作项目、共享的合作成果,增加国际公共产品有效供给,缓解全球治理赤字。

第三章　国际公共产品供给理论

国际公共产品是公共产品理论向国际范围的延伸，是国际关系研究与公共产品理论相结合的产物，包括全球公共产品和区域公共产品。从公共产品理论起源来看，萨缪尔森（Samuelson，1955）认为公共产品是每个人对这种产品的消费都不会导致其他人对其消费减少的产品，纯粹的公共产品具有消费的非竞争性、受益的不可分割性和非排他性这两大特征。

第一节　国际公共产品的界定

布坎南（Buchanan）进一步拓宽公共产品的内涵，探讨非纯粹公共产品的性质。从表 3-1 私人产品和公共产品的划分来看，非竞争性和非排他性是公共产品区别于私人产品的主要特征。随后，奥尔森（Olson，1966）补充和完善了国际公共产品的含义。世界银行将国际公共产品定义为具有很强跨国界外部性的商品、资源、服务以及规章体制、政策体制，只有通过发达国家与发展中国家的合作和集体行动才能充分供给此类物品。

表 3-1　私人产品和公共产品的划分

	竞争性	非竞争性
排他性	私人产品	俱乐部产品
非排他性	非纯粹公共产品	纯公共产品

资料来源：张宇燕、李增刚《国际政治经济学》，上海人民出版社，2008。

在传统经济学中，公共产品理论主要被用于分析市场失灵问题。20 世纪 90 年代以来，随着全球化的推进和国家开放度的提高，系统性风险逐渐增大，全球问题逐渐凸显，国际公共产品供给的要求也越来越高，公共产品的研究逐渐拓展到国际关系领域和全球范围。

一 国际公共产品的内涵

国际公共产品理论以公共产品理论为基础，利用公共产品（public goods）的非竞争性与非排他性特征来研究国际关系问题，是公共产品理论在国际关系领域的拓展与延伸。国际公共产品的概念出现于 1966 年，奥尔森在对国际联盟的研究中以北约为例，同政府在国内基于公民共同利益（common interest）来提供公共产品的行为类比，将国际组织为保证国家安全的共同利益而共同抵御外侵的行为也看作一种公共产品，这为国际公共产品的正式提出奠定了基础。1971 年，奥尔森在研究国际合作激励问题时，利用国际公共产品（international collective goods）的概念来分析各国的自利行为给国际环境带来的损益，并提出通过国际合作可实现国家间总体利益的最大化。Kaul（1999）、世界银行以及 Sandler（2003）等对国际公共产品做出了相对完整的定义：它是传统公共产品概念在国际范围内的引申和拓展，其成本和收益超过一国范围，包括全球公共产品和区域公共产品。

关于国际公共产品较为明确且广为接受的定义是 1999 年 Kaul 提出的，他从受益对象、受益时间、受益空间三个角度出发，做出如下定义：国际公共产品是指那些能使多国人民受益而不只是某一群体或某一代人受益，并且在现在和将来都不会以损害后一代人的利益为代价来满足当代人需要的产品。这一定义得到了大多数学者和国际组织的认同，是目前对国际公共产品定义的主流。2003 年，Kaul 等人进一步对"国际""公共""产品"三个概念进行详细解释，将国际公共产品及其受益范围扩展到所有国家、人民和世代，更全面地界定了"国际公共产品"，同时指出国际公共产品应该包含消费、利益分配和决策的公共性这三个性质——"公共三角"（triangle of publicness），如图 3-1 所示。此外，世界银行将国际公共产品定义为那些具有很强跨国界外部性的商品、资源、服务以及规章体制、政策体制，并认为供给国际公共产品有助于全球发展和消除贫困，要使其得到充分的供给，需要发达国家与发展中国家的集体行动。不难看出，国际公共产品可用于解决国际政治经济中存在的一些问题，在国际经济与政治秩序的维护上起着至关重要的作用。

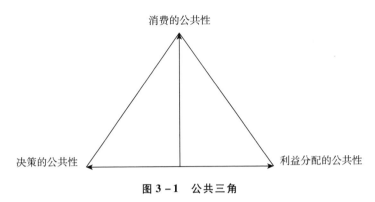

图 3 - 1　公共三角

　　Anand（2004）对前人的定义进行评述，认为国际公共产品应满足以下三个条件：第一，涵盖不止一个国家；第二，不仅惠及部分国家，而且惠及广泛的全球人口；第三，在不损害子孙后代利益的情况下满足当代人的需要。此后，越来越多的学者开始从公共产品的角度分析国际政治经济问题、国际关系问题，并用公共产品理论来研究全球环境问题、提出设计超国家机构以解决跨国公共利益问题的构想。国际公共产品逐渐成为区域公共产品和全球公共产品的统称。

二　国际公共产品的特征

　　国际公共产品的概念起源于公共产品理论，其继承了公共产品最基本也是最根本的两个特征——非竞争性和非排他性。这两种特性是从消费角度分析的，非竞争性是指一国对某种国际公共产品的消费不会影响其他国家对这种产品进行消费；非排他性则是指这种产品的消费不存在门槛，每个国家都能对它进行消费。而在现实中，部分国际公共产品属于"纯国际公共产品"，如防污减排、疾病防控等，其不以国界为限，成果国际共享。而部分国际公共产品属于"准国际公共产品"，如 WTO 等国际组织，通过设置门槛限制受益国从而将非成员国排除在外，具有一定的排他性；又如国际援助，一国的消费会导致其他国家可消费量减少，具有一定的竞争性。

　　国际公共产品具有可持续性。从时间上看，国际公共产品强调其受益者不仅包括当代人，还包括子孙后代，可见其具有可持续性。如世界和平、地球环境保护、传染病国际防控、全球金融稳定与发展等国际公共产品，具有明显的可持续特征，它们所带来的好处不仅能使当代人受益，还能维护子代及未来数代的利益。

国际公共产品的供给主体广泛、供给规则复杂。从空间上看，国际公共产品的供给者不受国界限制。它的供给主体既非世界政府，更非特定国家，而是全球各国政府或非政府行为体，其包括主权国家、私人部门以及非政府组织等。因此，相比一般公共产品，国际公共产品的供给主体不论在空间上还是在性质上，都更具广泛性。其供给主体的广泛性也导致它会受各国的政治立场、外交原则、经济核心利益等国际政治经济关系因素的影响，这就决定了国际公共产品的供给规则更为复杂。一些国际组织具有自己特殊的供给决策机制，例如国际货币基金组织的决策由各成员国所占的份额加权决定，而其基金份额和投票权分配并不合理，美国一国就拥有16.5%的投票权，在重大决策中可以发挥决定性作用。所以，在国际社会中，国际公共产品供给较难达到平衡。

三 国际公共产品的分类

联合国在2001年报告了10类需要集中供给的国际公共产品，分别是基本人权、全球和平、全球公共卫生、全球安全、全球公地集中管理、对国家主权的尊重、协调跨国的制度基础设施、知识集中管理、跨国通信与运输体系、多边谈判国际论坛的有效性。Sandler（2003）提出，国际公共产品主要分为全球、大区域、小区域、区域间、主权国家及地区六个层次，以及纯公共产品、非纯粹公共产品、俱乐部公共产品和联产品四大类型。

由于国际公共产品的概念十分宽泛，不同的学者在对其进行分类时往往基于不同的分类标准（见表3-2）。Gilpin和Stiglitz（1995）两位学者侧重从制度层面分类，他们分别将国际公共产品分为有效的国际援助体系、开放的国际贸易体系、可靠的国际安全体系和稳定的国际金融体系四大综合体系，以及国际安全、国际环境、国际经济的稳定性、国际上的知识共享和国际人道主义援助五大全球性的公共产品。较为系统地对国际公共产品进行分类的是Kaul（2003），他从供给和消费的角度将国际公共产品分为全球自然共享品、全球人造共享品和全球政策结果，还通过"公共三角"将国际公共产品划分为四类。Willem te Velde 等（2002）以收益类型以及部门为视角将国际公共产品划分为直接提供效用的产品、降低风险的产品和提高产能的产品这三类，以及环境、健康、知识、安全和治理这五类。Barrett（2007）从供给方式的角度将国际公共产品分为一次最优投入、最弱联系、共同努力、相互制约、协调供给五大类。除此之外，国际性（尤其是区域性）机构，如联合国、世界银行、地区开发银行等，也相继对国际公共产品进行了一系列的研究，并给出了不同的分类标准。在国内的学者中，裴长洪（2014）将国际公共产品的相关概念进行了引进和评述，并给出了自己的分类标准，将国际公共产品分为三大类：一是国际规则；二是主权经济体为国际规则的执行所提供的运行载体、平台或其成本；三是企业和私人机构对优化全球经济治理所承担的社会责任和义务。

表 3 - 2　国际公共产品的不同分类汇总

分类者	分类	时间
Olson	稳定的国际金融货币体系、完善的国际自由贸易体制、国际宏观经济政策的协调与标准化的度量衡；国际安全保障体系与公海航行自由；国际经济援助体系	1971
Kindleberger	建立在最惠国待遇、非歧视原则和无条件互惠原则基础上的自由开放贸易制度；稳定的国际货币；国际安全的提供	1986
Gilpin，Stiglitz	四大综合体系：有效的国际援助体系、开放的国际贸易体系、可靠的国际安全体系和稳定的国际金融体系 五大全球性公共产品：国际安全、国际环境、国际经济的稳定性、国际上的知识共享以及国际人道主义援助	1995
Kaul	全球自然共享品；全球人造共享品；全球政策结果	2003
Barrett	一次最优投入；最弱联系；共同努力；相互制约；协调供给	2007
联合国	基本人权；对国家主权的尊重；全球安全；全球和平；全球公共卫生；跨国通信与运输体系；协调跨国的基础制度设施；知识集中管理；全球公地集中管理；多边谈判国际论坛的有效性	-
Hirshleifer	简单加总公共产品（全球性公共产品可供总量完全取决于所有贡献国全部贡献之和）； 加权加总公共产品（每个国家的捐纳是有权数的）； 最优一环公共产品（全球性公共产品可供总量取决于某一最优势参与者最大量持久的集中注入）； 最弱一环公共产品（全球性公共产品可供总量有时只取决于对最弱环节的投入）	-

续表

分类者	分类	时间
Sandler	六个层次：全球、大区域、小区域、区域间、主权国家、地区；四大类型：纯公共产品、非纯粹公共产品、俱乐部公共产品、联产品	2003
Willem te Velde 等	直接提供效用的产品、降低风险的产品和提高产能的产品；环境、健康、知识、安全和治理	2002
裴长洪	国际规则；主权经济体为国际规则的执行所提供的运行载体、平台或其成本；企业和私人机构对优化全球经济治理所承担的社会责任和义务	2014

借鉴联合国及相关文献（郑振清，2018）的分类标准，结合中国与"一带一路"沿线国家的实际合作状况，以及数据的可获得性与实证分析的可行性等，本书的第六章到第八章将选取与全球经济治理密切相关的基础设施、科技以及制度三大类国际公共产品进行探讨与分析。

第二节 国际公共产品的理论基础

一 公共产品理论

公共产品理论是研究国际公共产品的基础，其经发展后逐渐聚焦公共产品供需配置效率的问题。维克塞尔研究公共产品的供需平衡边际正效用与边际负效用之间的关系，对公共产品有效配置的条件进行补充。萨缪尔森在著作《公共支出的纯理论》中对公共产品进行定义和分类，构建公共产品有效供给的理论模型，提出公共产品具有消费的非竞争性，这被普遍认为是公共产品理论的基石。马斯格雷夫将价格的排他原则及其非适用性引入公共产品的理论框架，进一步在消费的非排他性基础上加上非竞争性。布坎南提出纯私人产品和纯公共产品之间的"俱乐部物品"概念，主张实现公共产品的非竞争性、非排他性和不可分割性。在此之后，公共产品理论开始逐渐转向区域产品供给效率的问题。经济学家蒂博特据此提出"用脚投票"选择政府执政行为，丰富公共产品供给效率的相关理论。

国内学者也将研究重点逐渐聚焦国际公共产品的界定及属性方面。樊勇明（2008）指出，只服务于本地区、适用于本地区，其成本又是由域内国家共同筹措的制度安排、机制或制度，称为区域公共产品。黄河（2015）界定了区域性公共产品或区域间公共产品的概念，以统合现有的区域性公共产品和区域间公共产品的概念。

传统公共产品理论认为公共产品是指具备消费非竞争性、消费非排他性、效用不可分割性和强制消费性的物品。其中，消费非竞争性和非排他性是核心内容，并在此基础上拓展出效用不可分割性和强制消费性。公共产品的收益公共性导致其无法由市场有效供给，因此需要政府干预。然而，在国际社会中，国际公共产品无法像传统公共产品那样仅依靠政府强制供给，需要跨国集体行动，以国际合作的方式实现。"集体行动的逻辑"、"公地悲剧"与"囚徒困境"均为公共产品供给问题，个体理性常常与集体理性发生背离。公共产品消费非排他性会为个体不合作提供激励，进而产生"搭便车"倾向与机会主义行为。

二　霸权稳定理论

自布雷顿森林体系崩溃后，霸权稳定理论成为国际政治经济领域的研究热点。在国际关系领域中，学界认为霸权国的存在有利于维持国际社会的稳定和经济社会的发展，并根据霸权演化是否存在周期分为两大流派。其中，查尔斯·金德尔伯格认为霸权是确保世界经济稳定的缓冲器，在国际体系中霸权国的更迭呈现周期性特点。肯尼思·华尔兹基于权力平衡的角度，认为国家行为的自主性和国家权力的平衡性是一种重复现象，霸权演化在国际体系内存在连续波动，但不存在周期循环。随后，罗伯特·吉尔平系统地阐述霸权国实力与稳定的国际秩序之间的关系，提出"霸权稳定论"，认为霸权是维系国际经济体系和政治经济稳定的基础，由"霸权国"供给成为国际公共产品供给的主要方式。

霸权稳定理论的核心观点在于霸权国是霸权体系中的主要受益者，通过向国际社会成员提供自由开放的贸易体制、稳定的国际货币体系和国际安全等国际公共产品以维持霸权。霸权国通过提供国际公共产品的方式来领导其他国家，并建立在其领导下的国际政治经济体系和秩序，最终实现国际体系的稳定。霸权体系的持续稳定主要体现为系统的稳定性与系统内秩序的稳定性。霸权国一方面利用自身强大的经济和军事实力维持霸权地位；另一方面通过提供公共产品将剩余的经济体量转移给其他国家，从而使其他国家对这些公共产品产生依赖。第二次世界大战以后，美国凭借其在军事、经济领域的绝对优势在全球范围内建立军事联盟和经济秩序，形成以美国为核心的霸权体系。世界经济三大支柱的世界银行、世界贸易组织以及国际货币基金组织及其主导的合作机制和国际规则，成为美国向世界提供的国际公共产品，以重建战后的国际经济秩序和维护国际体系的稳定。

罗伯特·基欧汉（Robert Keohane）提出后霸权理论，认为在霸权国家衰落后可以通过国际制度来维护国际体系和秩序的稳定。在此基础上，威廉·沃尔弗斯（William Wohlforth）提出单极稳定论，认为美国作为霸权国拥有绝对的优势地位以及在国际体系中的绝对领导权，这使得全球处于单极力量主导下的稳定。然而，由于国际公共产品供给的边际收益递减和其他国家的"搭便车"行为，霸权国的公共产品供给势必难以为继。一方面，霸权国为维护霸权地位而主导国际公共产品的供给决策，导致国际公共产品因"私物化"而供给不足。另一方面，其他国家的"搭便车"行为不可避免，导致国际公共产品的数量与收益成反比，进而使国际公共产品的供给失效。由此可见，霸权国虽然能够通过建立霸权垄断国际资源的分配，但霸权依赖导致的内部需求膨胀最终会引发霸权衰退。

三　集体行动理论

根据传统公共产品理论，由于公共产品的收益具有非排他性，个体理性与集体理性发生背离，市场配置失效而需要政府进行调控。但基于国际社会中无政府的事实，国际公共产品无法依靠政府强制供给，因此以国际合作为方式的跨国集体行动成为可行方案。在经济学中，集体行动理论主要由"集体行动逻辑"、"公地悲剧"及"囚徒困境"构成。

奥尔森（Olson，2006）提出的"集体行动逻辑"表明："有理性的、寻求自我利益的个人，不会采取行动以获取集体共同的利益。"在实现了集体目标之后，集体中的个体都能获益，但这些理性的且追求自身利益最大化的个人也依然不愿为之付出努力，这是因为即使个人不采取行动，在集体利益实现之后，个人依然能够通过"搭便车"获益。也就是说理性的个人基于成本与收益的考量，追求自身利益最大化，想要不付出成本便得到收益，这会减少为获取集体利益而付出的努力，从而导致"集体行动的困境"。在越大的集体中，个人"搭便车"的可能性也就越大，这也彰显了个人利益与集体利益的冲突。

奥尔森认为破解"集体行动的困境"有两种方法，即有选择的激励和强制。有选择的激励是指奖励或者惩罚集体中的个人行为，对行为有利于集体利益实现的个人颁发奖励，对行为不利于集体利益实现的个人进行惩罚，通过这种方式使集体利益与个人利益趋于一致；强制是指组织制定一定的规章或制度并通过强制性的手段约束集体中个人的行为。

"公地悲剧"指由于公共资源具有非排他性和非竞争性，任何人都可以自由使用，而这最终会导致公共资源遭到过度使用。非排他性使每个人为最大化自己的利益会尽可能多地使用资源，而非竞争性的特点又使得资源被过度消耗和破坏，从而造成"公地悲剧"。例如在公共牧场中，每个人为了最大化自己的利益会过度放牧，然而这种行为会造成整个牧场的退化。加勒特·哈丁（Garrett Hardin，1968）最早提出了"公地悲剧"问题，他认为，如果公地任所有人自由使用，每个人会为了自己的利益而无节制地增加牲畜的数量，最终毁灭的就是所有人的目的地。解决"公地悲剧"问题的一个方法是设立私有产权制度，让产权所有者来管理资源，或者直接让政府来管控资源。

"囚徒困境"指两名囚徒必须各自决定是否坦白的博弈，如果其中一名囚徒坦白，坦白者比不坦白者受到的惩罚更轻；如果两名囚徒同时坦白会比同时不坦白受到的惩罚更重。坦白分别是两名囚徒的占优策略，因此最终双方都坦白的结果是纳什均衡，但是在这个博弈中，双方都不坦白才是帕累托最优解。可以看出在"囚徒困境"中从个人理性出发所得到的均衡结果与集体最优解不同，这揭示了个人理性与集体理性之间的矛盾。"囚徒困境"可以用来说明为什么在合作对双方都有利时，保持合作也是困难的，因为处于"囚徒困境"中的个人都有为了自己的利益而打击竞争者的冲动。解决"囚徒困境"的方法是进行无限次重复博弈或有限次重复博弈。

第三节　国际公共产品的供给机制

传统的公共产品理论认为，由于公共产品具有非排他性与非竞争性，市场失灵使得市场无法成为理想的公共产品供给者，要消除市场失灵，就必须由政府担任公共产品的供给主体。关于国际公共产品的供给，最早的说法是将其供给机制类比传统公共产品，建立凌驾于民族国家之上的公共权威——世界政府，通过世界政府向全世界提供国际公共产品，消除由国家主权范围导致的外部性问题，实现外部性的内在化。如14世纪初，诗人但丁在其发表的著作《论世界帝国》中就阐述了要为世界福利建立一统天下的"世界帝国"的观点，并认为当时国力强盛的罗马有资格掌握帝国的权力。然而，在17世纪之后，西方文明开始探讨"世界帝国"的意识形态和地位以及合法性，学者对于是否应该建立世界政府存在较大的争议。纵观历史，过于庞大的集权统治往往因为利益冲突、管理低效等原因破裂解体，人类社会的发展正逐渐从独裁统治走向共同治理。

因此，尽管建立世界政府的设想早已存在，但历史上并未出现过真正的世界政府，即使在某一时期出现过类似于世界政府的机构，但由于其为霸权国家所控制，并不能被视为真正意义上的世界政府。后来的学者考虑世界政府所应该具有的合法性、权威性和征税权力等特征，认为世界政府并非主导全球治理的理性选择，如克莱斯纳提出，有效的全球治理是通过跨国网络、政府间合作而非一个世界政府达成的；罗德里克也认为在短期内通过建立全球联邦主义来治理全球经济很难实现，国际公共产品无法通过世界政府得到供给。

假如国际公共产品的供给不能像传统公共产品一样依赖主权政府供给，那么其供给必然要依赖非主权政府以及非政府行为体。就国际公共产品的供给机制，本章主要讨论三点：一是国际公共产品的供给主体，即由谁提供；二是国际公共产品的供给模式，即如何提供；三是分析国际公共产品的供给合作。

一　国际公共产品的供给主体

一般来说，由国家或国家合作供给国际公共产品是较为常见的。尽管不存在世界政府，但是金德尔伯格（1986）提出的"霸权稳定论"，主张有且只有霸权国家能够供给国际公共产品。在一定程度上，这种主张是世界政府的设计与现实主义观点结合而成的产物。霸权国家具有强大的综合国力，不论在政治、军事还是经济等方面都具有绝对优势，能够支撑其供给国际公共产品，同时，国际公共产品供给国也会在供给过程中得到一定的利益（如制定有利于自己的国际贸易制度等），当国际公共产品的供给收益大于供给成本时，霸权国会选择为全球或区域提供国际公共产品。在很长一段时间里，霸权稳定论是国际公共产品供给的主流观点。根据霸权稳定论，霸权集团必须拥有供给国际公共产品的强大意愿和能力，才能保证国际体系稳定。而霸权国的实力衰落会削弱它的供给意愿和能力，从而导致国际公共产品的供给短缺。这时，一种新的供给模式出现了，那就是大国间合作供给模式。基欧汉等新自由制度主义学者认为当前国家交往越来越频繁，世界趋向为一个整体，应该通过国际制度促使世界主要大国合作来供给国际公共产品。

关于国际公共产品的提供有以下几种可能。

（1）由世界政府来提供，但真正的世界政府从未出现过，建立世界政府的设想至少在短期内不可行。（2）由超级大国来提供，历史上许多超级大国扮演了国际公共产品供给者的角色，然而，世界经济发展是不平衡的，鲜有强国恒强。（3）由国际组织与机构来提供，例如，联合国、世界银行、国际货币基金组织等国际组织在国际公共产品的供给中发挥了极其重要的作用。（4）由国家集团或者利益集团来提供。各国在签订国际贸易协定时，可以将有关解决全球环境问题的条款纳入其中，形成"一揽子"协定。将公共产品提供与具有私人产品性质的活动联系起来，促进国际公共产品的提供。归根到底，国际公共产品的供给主要是由超级大国主导的，并通过主权国家以及一系列国际组织来落实。

如今发展中国家越来越强调加入新的国际经济政治秩序，逐渐出现了由各国在区域机制框架内确定成本分摊比例、共同承担的形式，不再只是由几个大国担任国际公共产品供给主体，而是由区域国家形成联合供给主体，这种联合供给主体是更有效率、更为现实和更具可持续性的选择。欧盟、北美和东盟的国际公共产品供给主体是当前国际上的典范，国际间的区域合作越来越紧密，区域性联合供给主体越来越受到推崇，正在成为国际公共产品供给的支柱（姜欣悦，2016）。

国际组织与机构这一较为典型的供给主体中较具代表性的有世界银行、世界贸易组织以及国际货币基金组织。世界银行本着"以可持续的方式消除极端贫困与促进共享繁荣"的目标，为全球经济发展提供了极具价值的国际公共产品。世界银行建立了信息庞大且十分具有研究意义的世界银行数据库，每年发布诸如"世界发展指标""生活水平测评研究"等一系列公开、免费的数据资源，为发展领域提供真实的统计数据；目前世界银行已有超过1.2万个贷款项目，为消除贫困、促进繁荣提供融资支持；公开发布了一系列促进发展中国家更好发展的研究报告，包括营商环境报告、世界发展报告等，为发展中国家提供分析和建议；此外，世界银行还关注气候变化、粮食安全等与人类发展休戚相关的议题。世界贸易组织是一个旨在推动世界贸易平稳、自由、符合预期地运行的全球性国际组织。它在国际合作中扮演着多重角色：既是全球贸易体系的运行者（建立一体化的多边贸易体制），又是贸易争端的解决者（针对矛盾开展多边贸易谈判），也是发展中国家需求的支持者。此外，国际货币基金组织推动了国际货币合作、汇率稳定和有序汇率安排，促进了经济增长和提高了就业率，并向世界各国提供经济援助，为世界经济提供金融监督、经济资助等服务，推动了世界经济的不断发展。

以上几个国际组织提供的国际公共产品包括金融稳定、市场效率等世界经济发展所需的各类服务，在国际社会发展中发挥着重要作用。近年来，国际性的非营利组织和公共资金设立的机构扮演了更多国际公共产品供给者的角色，这使得国际公共产品的供给大大增加。

部分国际公共产品还可通过网络社群志愿提供。在国际上，有一些跨国界的网络社群起着供给国际公共产品的作用。如维基百科（Wikipedia），作为一家知识共享领域的非营利组织，在知识类国际公共产品的供给上发挥着重要作用。维基百科是可自由访问和编辑的国际知识体，不仅收录了传统百科全书涵盖的知识，还收录了丰富的热点动态事件，全球有上百万人协作编辑维基百科词条、丰富网站知识内容，维基百科正在成为规模最大且最流行的网络百科全书，这些无形的知识与信息就是维基百科为全球人民无偿提供的国际公共产品，它被认为是网络社群志愿供给的典范。除此之外，网上图书馆、网上学术联盟、影印书籍的网上传播等都是由网络社群志愿提供的国际公共产品。

从宏观视角来看，不论是世界政府、主要大国、区域国家，还是非政府组织或市场个体，各主体都在各领域合作供给国际公共产品，并且它们往往是相互渗透的。因此，一般情况下很难说清楚谁在其中占据主导地位，往往只能根据所需国际公共产品的性质来决定何者的作用更为突出。

二　国际公共产品的供给模式

根据 Sandler 等人运用并拓展 Hirshleifer 的公共产品供给技术，提出不同性质的国际公共产品的最优供给模式，并结合其他学者的研究给出以下六种国际公共产品的供给模式。

一是总量供给。例如基础研究、生态保护等纯国际公共产品，这种公共产品的总量等于各参与国供给的加总，即 $Q = \sum_{i}^{n} q_i$，其中 $i = 1, 2, \cdots, n$，为参与供给的国家；q_i 为国家 i 供给的国际公共产品的水平。对于这类国际公共产品，每个供给国的供给都同等地影响期望水平，当供给国更加富有并且对这类国际公共产品的评价更高时，即认为边际收益大于边际成本时，便会产生供给的激励。但是，考虑到其他国家会供给，便会出现"搭便车"行为，导致供给不足。反之，当边际收益小于边际成本，便会停止供给。因此，对于单个供给国而言，不合作是最优策略，从而会出现"囚徒困境"。

二是最优注入。一些国际公共产品的供给是由参与国供给的最大值决定的，低于最大值的任何供给都不会对可消费总量产生影响。如针对解决特定问题的某项技术，在一国研发成功后，所有国家都可获益，但对于进行研发尚未成功的其余国家，所耗费的成本都是不可收回也无法获利的沉没成本。从收益最大化的角度考虑，通过某一供给国与其他国家合作来单边供给这种公共产品的模式可获得最大整体利益。

三是最弱联系。与最优注入正好相反，一些具有负外部性的国际公共产品的供给水平是由供给水平最低的参与国决定的。Hirshliefer 认为最弱联系决定着国际公共产品的供给水平。正如环形岛屿的防洪一样，堤坝的最低高度决定了防洪的效果，在其他部位达到一定高度的情况下，只要有一处堤坝过低，防洪效果就会大打折扣。因此，这类国际公共产品的供给需要所有国家共同努力，如果某一国的供给水平过低，不仅可能无法成功供给公共产品，还有可能因此使其他国家的努力功亏一篑，造成全球情况恶化。

四是加权加总。净化二氧化碳等排放物、控制虫害等国际性公共产品的供给整体水平由所有参加国加权得出，即 $Q = w_i \times q_i$，其中 $\sum w_i = 1$，w_i 为国家 i 对应的权重。总量供给为加权供给的特殊形式，是所有参与国的权重都相等的特殊情况。对于这类国际公共产品，供给的决定意味着部分参与国能够获得更多的个人收益，从而刺激它们提供这种产品的积极性；由于纯公共产品和私人产品也是这种加权公共产品的特例，因此这种供给模式适用于多种形式的博弈。供给机制可设计成：国际机构要积极提供援助资金，以支持各国公共产品的供给，同时掌握权数矩阵以便各国自主筹措资金。

随着对区域性国际公共产品研究的不断深入，学者提出了国际公共产品的另外两种供给模式：对外援助与区域合作。

五是对外援助。为了消除贫困和促进发展，发达国家和相关国际金融机构通过对外援助提供国际公共产品，这对发展中国家的政治经济起到积极推进作用，但同时也出现了一系列的问题。首先，资金援助问题，受援国可能缺乏资金管理能力，致使资金使用效率低下，援助效果不甚理想。其次，区域问题普遍存在，而各国对于区域性国际公共产品的需求增长明显大于其供给增长，导致国际援助严重供不应求。最后，捐助国根据其意识形态和偏好会人为设置援助门槛，无法满足个性化需求。

六是区域合作。根据区域主义理论，区域内的国家可以通过合作得到比以前更多的经济发展机会和可信的安全环境。区域内国家合作供给作为区域性国际公共产品的供给方案越发受到各国的推崇。通过区域合作，可以打造区域共同繁荣的国际公共产品，能有效避免境外国家援助带来的难题。根据供给主体特征，区域性国际公共产品在区域内的合作供给模式可划分为三种，代表性地区分别为欧洲、北美和东亚。第一，轴心国家主导的供给模式。例如，以法国为主导的欧盟，广泛涵盖了贸易、金融等经济领域和外交、安全等政治领域。第二，霸权国家主导的供给模式。例如，美国主导的北美自由贸易区，涵盖市场、投资、金融和环保多个领域。第三，小国联盟主导的供给模式。例如，东盟和中国、日本、韩国的 "10 + 3" 模式，这种模式与其他两种模式最根本的差别是其旨在合作共赢。

三　国际公共产品的供给合作

"一带一路"沿线国家众多，包括 65 个国家。[①] 每个国家在经济发展水平、基础设施建设、社会环境、制度环境、宗教信仰、风俗习惯、语言文化等方面各不相同，因此"一带一路"倡议作为国际公共产品的供给机制具有以下几个特点。

第一，在合作模式方面，沿线各国平等参与协商。"一带一路"倡议的供给模式本质是各主权国家平等参与的联合供给的创新，各国坚持共商、共建、共享的原则，平等参与协商，以求达到互利共赢的目的，这与欧盟和北美的国际公共产品供给模式皆不同。欧盟的国际公共产品供给模式是各国让渡部分权利给超越国家权威的某一超国家机构，各国在超国家机构的协调分配下以契约的方式实现公共产品的供给。"一带一路"沿线国家的情况与欧盟不同，彼此间并不具有相似的文化价值观念，经济发展水平也各不相同。北美的国际公共产品供给模式是美国作为区域内的霸权国家更多地去承担国际公共产品的供给成本，同时在成本与收益的分配方面具有更高的话语权，并且可以利用本国的权威对区域内的另外两个国家（加拿大和墨西哥）施加影响，使其也承担相应的国际公共产品供给成本。

第二，在合作内容方面，优先发展基础设施。"一带一路"沿线国家中大多数国家仍处于发展的初期阶段，很多国家在交通运输、信息等基础设施建设方面还有很大的发展空间，而基础设施对一个地区的发展非常重要。更加完善的基础设施能够加速人才、货物以及资金的流动，产生正外部性进而推进经济发展，所以各国政府也更加愿意去投入人、财、物来优先发展基础设施。因此，从沿线国家的实际情况与基础设施对于各国以及区域发展的积极作用来看，先进行基础设施领域的合作是十分必要的。

第三，在合作范围方面，各国国际公共产品供给合作的领域十分广泛，涵盖了交通信息、教育服务、科学文化、医疗援助、金融资助、公共制度、公共环境等领域。中国在"一带一路"国际公共产品的供给合作中

[①]　根据统计数据的实际可得情况，本书基于"一带一路"倡议提出初期时对沿线国家的界定，将东亚 1 国、东南亚 10 国、西亚 18 国、南亚 8 国、中亚 5 国、独联体 7 国及中东欧 16 国作为国际公共产品供给研究中的"一带一路"沿线国家。

发挥着积极的作用，在物质、技术和经验等方面助推"一带一路"沿线国家的经济发展，包括协助沿线国家的基础设施建设，在多领域提供资金支持与技术指导，并分享自身在经济发展与治理等方面的经验等。

第四节　小结

本章主要梳理了国际公共产品的相关理论，从国际公共产品的概念界定、国际公共产品的理论基础和国际公共产品的供给机制三个方面展开，为后文的研究提供理论支撑。首先，在第一节中对国际公共产品的内涵、特征以及分类进行梳理。其次，在第二节中主要概括总结了有关国际公共产品的相关理论——公共产品理论、霸权稳定理论和集体行动理论，这三个理论构成了国际公共产品分析的理论框架。最后，通过对国际公共产品供给主体、供给模式和供给合作的分析，更好地把握国际公共产品供给的实质与要义，同时也是对国际公共产品内涵与理论的进一步探讨。

第四章 "一带一路"国际公共产品供给博弈

在国际公共产品供给的情形中，各参与国均以追求本国收益最大化为目标。由于国际公共产品的供给由多个主权国家参与，涉及多种利益，因此产生了错综复杂的博弈关系。本章基于第三章中关于国际公共产品供给模式的阐述，将博弈模型引入国际公共产品供给的研究框架之中，进一步分析"一带一路"国际公共产品供给从非合作走向合作的前提与转化条件，阐述参与国的博弈均衡及合作中的收益分配等问题，以及模拟国家异质性下国际公共产品供给的动态博弈过程。

第一节 "一带一路"国际公共产品供给的非合作博弈

"集体行动困境"是国际公共产品供给中存在的普遍现象，在国际公共产品合作供给中，参与国之间的博弈关系复杂。本节基于前文对国际公共产品理论及属性的阐释，运用博弈论中"囚徒困境"这一国际公共产品供给的基础模型，来分析各参与国的供给策略以及供给困境形成的原因，并进一步分析"一带一路"沿线国家如何克服"集体行动困境"，并通过激励等制度安排来克服市场失灵、实现国际公共产品供给从非合作到合作的博弈。

一 囚徒困境

长期以来，国际公共产品因为非排他性和非竞争性引发的市场失灵而导致的供给不足等问题一直是经济学研究的理论难题。其中，实验经济学将"囚徒困境"这一博弈论中的经典模型引入公共产品博弈实验,以反映个体理性与集体理性之间的关系。由于国际公共产品具有显著的正外部性,供给的成本难以由个体承担。国际公共产品出现供给困境的最基本的逻辑为:从个体理性的角度出发,采取不参与供给的"搭便车"行为是占优策略。正是各参与国的"个体理性"导致"集体不理性",结果导致市场失灵,进而导致国际公共产品供给不足。

由于国际公共产品具有不同性质,在"囚徒困境"中不存在绝对的理性或绝对的背叛,各参与国倾向于选择偏离帕累托最优的不合作策略。

本节将"囚徒困境"博弈命名为博弈一,博弈的基本假设为:

(1)博弈者集合表示为 $I = \{i;\ i=1,\ 2,\ \cdots,\ n\}$。

(2)各参与国的策略集合表示为 $S = \{S_i \geq 0,\ i=1,\ 2,\ \cdots,\ n\}$ 且 $S_i \geq 0$。

(3)将收益函数表示为 $U_i = G - c_i$。其中,U_i 表示净收益,G 表示国际公共产品的总收益,c_i 为各参与国供给国际公共产品的成本。

(4)完全信息假设:所有参与国对本国以及其他参与国的收益函数和策略集合具有完全的信息。

本节仅以具有完全非竞争性与非排他性的纯国际公共产品为例。因此,根据纯国际公共产品的属性进一步进行博弈假设:

(1)国际公共产品的供给水平只由总供给量决定,参与国 1 和参与国 2 同质且供给行为可完全相互替代;

(2)参与国的策略仅有合作或不合作两种;

(3)参与国单独供给时所承担的边际成本大于边际收益。

如图 4-1 所示,T 表示其中一参与国背叛时的支付,R 表示双方合作时的支付,P 表示两国共同背叛时的支付,S 表示一参与国被另一参与国

参与国2

		C	N
参与国1	C	R, R	S, T
	N	T, S	P, P

图 4-1　国际公共产品供给中的"囚徒困境"

单独背叛时的支付。根据国际公共产品的性质，假定 $T > R > P > S$，一参与国在另一参与国采取合作行动时单独背叛所获得的收益 T 最大；两国均遵守协议合作时的收益 R 明显小于 T；两国均不合作时供给量为 0；某参与国进行供给合作却遭到另一参与国的背叛时获得的收益 S 最小。由此可见，该博弈唯一的纳什均衡为（N，N），此时参与国的收益均为 P。在其他假设前提不变的情况下，当参与国的数量增加时，各国的共同不合作策略仍为唯一的纳什均衡。

该博弈模型表明，在国际公共产品供给中，尽管各参与国有两种不同的策略选择，但收益取决于对方的策略。矩阵是对称的，各参与国由于无法沟通而陷入个体理性选择因此无法实现集体的利益最大化。实际上，"搭便车"的现象被过分夸大，博弈双方并不总会选择不合作。一方面，参与国并非只能在合作或不合作两种策略之间选择，还可以根据其他参与国的供给数量来决定供给成本。当国际公共产品的供给需要多次、长期才能实现时，在重复博弈的过程中不合作策略不一定为占优策略，要让各参与国实现 $2R > S + T$ 以及 $2R > 2P$，从追求个体利益最大化转变成追求集体利益最大化，从而激励各国参与合作。

根据上述博弈分析，能否让参与国把关注点从自身利益最大化转移到集体利益最大化成为国际公共产品供给合作能否成功的关键。"一带一路"倡议迎合国际合作的全球经济治理理念。"一带一路"倡议的提出不是为争夺区域内的主导权，而是倡导一种命运共同体思维，也可以理解为从关注自身利益转移到了关注集体利益。

近年来，中国在国际社会中的角色和作用发生改变，随着经济实力和国际地位的提升，中国适时提出"一带一路"倡议及人类命运共同体等具有国际公共产品性质的理念，有利于沿线各国转变自己的思维，从关注自身利益转变为关注集体利益。人类命运共同体这种追求集体利益的理念可以较好地破解国际公共产品供给的"囚徒困境"，引导各博弈参与国从不合作走向合作。

二 非合作博弈一般模型

非合作博弈是博弈双方不能相互谈判协商且不能签订具有约束力的合同的行为。国际公共产品供给涉及众多国家，需要的成本巨大，相关的利益错综复杂，需要多个国家进行合作。在"囚徒困境"中，虽然双方都合作的收益大于双方都不合作的收益，但各参与国基于本国利益而背叛合作的激励导致其选择不合作，且"囚徒困境"模型中的纳什均衡解为双方皆不合作。基于此，本节通过拉格朗日乘数法比较分析纳什均衡解与帕累托最优状态下的均衡解，探究国际公共产品中的非合作博弈行为。

本节将国际公共产品供给的非合作博弈命名为博弈二，博弈的基本假设为：

（1）博弈者集合表示为 $I = \{i; \ i = 1, 2, \cdots, n\}$。

（2）各参与国的策略集合表示为 $S = \{A_i \geq 0, i = 1, 2, \cdots, n\}$ 且 $A_i \geq 0$。

（3）完全信息假设：所有参与国对本国以及其他参与国的收益函数和策略集合具有完全的信息。

（4）将效用函数定义为 $U_i = U_i [x_i, L(A_1, A_2, \cdots, A_n)]$，其中，效用函数 U_i 是 x_i、A_i 和 L 的函数，表明参与国 i 的效用受其共同影响。

（5）假设两个参与国都没有储蓄，面临着如下的线性预算约束：

$$x_i + c_i A_i = I_i, i = 1,2 \tag{4-1}$$

为求解博弈均衡，可将参与国 i 有约束条件的最大化问题表示为：

$$\underset{x_i A_i}{\mathrm{Max}} U_i [x_i, L(A_i, A_j)]$$

$$s.t. \ x_i = I_i - c_i A_i$$

即

$$\underset{x_i A_i}{\mathrm{Max}} U_i [I_i - c_i A_i, L(A_i, A_j)], i,j = 1,2, i \neq j \tag{4-2}$$

式 4-2 中关于国际公共产品供给行为的一阶求导条件是：

$$\frac{\partial U_i}{\partial A_i} = 0 \Leftrightarrow$$

$$\frac{\partial U_i}{\partial x_i} \frac{\partial (I_i - c_i A_i)}{\partial A_i} + \frac{\partial U_i}{\partial L} \frac{\partial L}{\partial_i} = c_i \frac{\partial U_i}{\partial x_i} + \frac{\partial U_i}{\partial L} \frac{\partial L}{\partial A_i} = 0, i = 1,2$$

$$\frac{\partial U_i}{\partial x_i} = U_{ix}, \frac{\partial L}{\partial A_i} = L_i, \frac{\partial U_i}{\partial L} = U_{iL}, \frac{\partial L}{\partial A_i} = L_j \tag{4-3}$$

从而式 4-3 可以被简化表示为：

$$-c_i U_{ix} + L_i U_{iL} = 0, i = 1,2 \tag{4-4}$$

对式 4 - 4 进行移项并两边同除以 U_{ix}，得 $L_i U_{iL}/U_{ix} = c_i$。由于 U_{iL}/U_{ix} 就是 L 对 x 的边际替代率，从而可得：

$$L_i, MRS^i_{Lx} = c_i, i = 1,2 \qquad (4-5)$$

通过推导，进一步求出参与国 i 的帕累托最优状态下的均衡解为：

$$\text{Max}_{xixj, A_i A_j} U_i [x_i, L(A_i, A_j)]$$

$$s.t. U_j [x_j, L(A_i, A_j)] = U_j$$

$$x_i + x_j + c_i A_i + c_j A_j = I_i + I_j$$

设 θ 为拉格朗日函数：

$$\theta = U_i - \lambda_1 (U_i - U_j) - \lambda_2 (x_i + x_j + c_i A_i + c_j A_j - I_i - I_j)$$

其中，系数 λ_1 与 λ_2 分别为拉格朗日乘数，进而得到：

$$\frac{\partial \theta}{\partial x_i} = \frac{\partial U_j}{\partial x_j} - \lambda_2 = 0 \qquad (4-6)$$

$$\frac{\partial \theta}{\partial x_j} = - \lambda_1 \frac{\partial U_j}{\partial x_j} - \lambda_2 = 0 \qquad (4-7)$$

$$\frac{\partial \theta}{\partial A_i} = \frac{\partial U_i}{\partial L} \frac{\partial L}{\partial A_i} - \lambda_1 \frac{\partial U_j}{\partial L} \frac{\partial L}{\partial A_i} - \lambda_2 c_i = 0 \qquad (4-8)$$

$$\frac{\partial \theta}{\partial A_j} = \frac{\partial U_j}{\partial L} \frac{\partial L}{\partial A_j} - \lambda_1 \frac{\partial U_j}{\partial L} \frac{\partial L}{\partial A_j} - \lambda_2 c_j = 0 \qquad (4-9)$$

求解 $\partial\theta/\partial x_i$ 和 $\partial\theta/\partial x_j$ 得到：

$$\lambda_1 = - \frac{\partial U_i}{\partial x_i} \Big/ \frac{\partial U_j}{\partial x_j}$$

$$\lambda_2 = \frac{\partial U_i}{\partial x_i}$$

将解出的拉格朗日乘数 λ_1 与 λ_2 分别代入式 4 - 8：

$$\frac{\partial \theta}{\partial A_i} = \frac{\partial U_i}{\partial L} \frac{\partial L}{\partial A_i} + \frac{\partial U_i/\partial x_i}{\partial U_j/\partial x_j} \frac{\partial U_j}{\partial L} \frac{\partial L}{\partial A_i} - \frac{\partial U_i}{\partial x_i} c_i = 0$$

$$\frac{\partial L}{\partial A_i} \Big(\frac{\partial U_i/\partial L}{\partial U_j/\partial x_i} + \frac{\partial U_j}{\partial U_j} \frac{\partial L}{\partial x_j} \Big) = c_i$$

进一步代入式 4 - 9：

$$\frac{\partial \theta}{\partial A_j} = \frac{\partial U_j}{\partial L}\frac{\partial L}{\partial A_j} + \frac{\partial U_i/\partial x_i}{\partial U_j/\partial x_j}\frac{\partial U_j}{\partial L}\frac{\partial L}{\partial A_j} - \frac{\partial U_i}{\partial x_i}c_j = 0$$

$$\frac{\partial L}{\partial A_j}\left(\frac{\partial U_i/\partial L}{\partial U_i/\partial x_i} + \frac{\partial U_j}{\partial U_j}\frac{\partial L}{\partial x_j}\right) = c_j$$

最终，得到帕累托最优状态下的均衡解：

$$L_i \sum_{j=1}^{2} MRS_{Lx}^i = c_i, i,j = 1,2, i \neq j \qquad (4-10)$$

通过推导得到式 4-5 纳什均衡解和式 4-10 帕累托最优状态下的均衡解。具体而言，在纯国际公共产品的情形中，由于参与国的行为 A_i 与 A_j 可以相互替代，如果一国供给增加，那么产出 L_i 将会增加，进而导致另一国产出 L_j 倾向减少。由于正的交叉偏导数与国际公共产品的拥挤成本相对应，则出现 $L_i > 0$、$L_j < 0$，每个参与国的行动增加均将使公共成本提升。如果参与国 j 采取的行动越多，那么参与国 i 对 L 的边际影响也就越大，即 $L_{ij} > 0$。

纳什均衡时的选择意味着国际公共产品的供给数量不足。从帕累托最优条件式可以看出，式 4-10 和式 4-5 表示由于外部性而导致参与国 i 的行动对参与国 j 的收益产生边际影响。对于策略替代品而言，显然参与国 i 采取行动对参与国 j 是占优的，可增加参与国 j 的收益，所以 $L_i MRS_{Lx}^j$ 为正。

以"一带一路"倡议中基础设施合作建设为例，可以对比分析纳什均衡解与帕累托最优状态下的均衡解。在现实中，为实现"一带一路"沿线各国互联互通，共建沿线大型基础设施项目会比某一个国家或地方的基础设施项目需要更高的资金投入，往往会超越一国的生产和供给能力。建设成本应由合作国家通过集体行动共同分担。

首先，假设"一带一路"沿线各参与国的经济发展、资源禀赋及对基础设施的需求偏好为同质的，共建基础设施对参与国均具有正外部性。其次，参与国均面临两个备选策略：参与投资 1 单位的基础设施及不参与投资。最后，考虑共建基础设施项目的前期投资成本高且收益回收慢，则此处假设供给成本 c 大于每单位供给收益 r，则净收益 $\triangle r = r - c < 0$。如图 4-2 所示，"一带一路"沿线共有 n 个参与国，任意一个参与国 i 可以选择参与供给基础设施或不参与供给。每有一个参与国选择投资一单位基础设施，任意一

个参与国都能会的 r 的收益。参与国 i 选择搭便车不参与基础设施投资时能获得的收益为 jr，选择参与投资时能获得的收益为 $(j+1)r-c$，可以看出无论有多少个国家参与基础设施建设，参与国 i 不参与投资时的收益始终大于参与投资 $(c-r>0)$。因此，"一带一路"沿线国家任意一个参与国的占优策略都为不参与投资，各参与国出于个体理性做出的不合作决策，最终导致了集体的非理性，使得"一带一路"沿线各国基础设施投资共建陷入"囚徒困境"。

除 i 国以外参与基础设施投资建设的国家个数

	0	1	⋯	j	⋯	$n-1$
i 国不参与	0	r		jr		$(n-1)r$
i 国参与	$r-c$	$2r-c$		$(j+1)r-c$		$nr-c$

图 4 - 2　"一带一路"沿线国家共建基础设施的收益矩阵

由此可见，从"一带一路"倡议下的基础设施合作建设博弈分析来看，在无激励政策的前提下，纳什均衡解为所有国家都不合作，各国收益为 0。此时，纳什均衡对沿线各国均无益处，与收益最大化的帕累托最优状态相差甚远，在帕累托最优状态下所有国家都应该参与基础设施建设的合作。如何让博弈各参与国从不合作走向合作，涉及制度设计、收益分配等一系列问题。

三　最优反应函数

基于前文对非合作博弈模型中的纳什均衡解和帕累托最优状态下的均衡解，本节继续推导"一带一路"倡议下的最优反应函数，模拟参与国在博弈中的行为变化与策略选择过程。通过比较个人理性下的纳什均衡集体利益最大化的帕累托最优，分析在国际公共产品供给中各参与国的行为反应及选择不同策略的原因。本节通过如下定义来研究国际公共产品供给中各参与国的行为反应。

（1）与非合作博弈一般模型相同，博弈者集合表示为 $I = \{i; i=1, 2, \cdots, n\}$。

（2）将效用函数定义为 $U_i = U_i[x_i, Q]$，其中，$U_i(x_i, Q)$ 为连续增函数；x_i 为参与国 i 所消费的"本国产品"，$i \in I$；Q 为国际公共产品供给水平。

（3）假定只有两个参与国，且只能在本国产品与国际公共产品之间进行选择：参与国 i 对国际公共产品的供给量为 q，其他参与国的供给量则为 $\tilde{Q} = Q - q$。

（4）参与国 i 的预算约束是 $x_i + pq = I$，其中 x_i 单位价格是 1，p 是供给国际公共产品的单位成本。

如图 4 - 3 所示，国际公共产品的供给水平由两个参与国的贡献量共同决定，横轴表示参与国 i 的国际公共产品供给量 q；其中曲线 i、i' 与 i'' 为参与国的无差异曲线，且均与参与国的预算约束相交，位置越高的无差异曲线代表其效用越高。

假设总供给 Q 不变，则参与国 i 的供给量 q 主要取决于由另一个参与国的供给量 $\tilde{Q}$。在给定的供给水平 Q 中做与无差异曲线的切线，切点即表示参与国 i 的最优点。将所有切点相连得到曲线 NN，表示所有参与国处于最优策略时参与国 i 的占优策略。因此，曲线 NN 是参与国 i 的最优反应函数，表示参与国 i 对其他参与国策略选择的最佳反应。

在图 4 - 3 的最优反应函数曲线中，无差异曲线先下降表示当参与国 i 的供给量 q 不变时，其他参与国的供给量 $\tilde{Q}$ 越大则参与国 i 的效用越高；

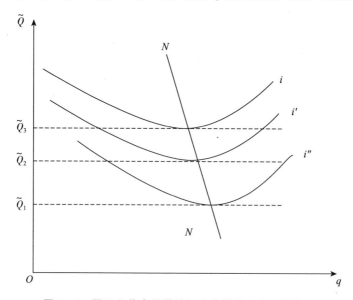

图 4 - 3 国际公共产品供给行为的最优反应函数曲线

同理，其他参与国的供给量 $\tilde{Q}$ 不变时，参与国 i 的供给成本较低。可见，在供给行为的最优反应函数中，无差异曲线先下降后上升，即增加国际公共产品的供给量导致参与国 i 的边际收益的递减及边际成本的递增。

如图 4-4 所示，国际公共产品供给行为的无差异曲线呈先下降后上升的趋势，并在临界点 E 处降到最低。在无差异曲线上取临界点 E，在 E 点处使参与国供给行为的边际成本与边际收益相等；任取 E 点左侧的 X 点，如果此时其他参与国的供给量相对 X 点减少，参与国 i 若想维持自身效用水平不变，必须增加本国国际公共品的供给量。虽然随着公共品供给数量的增加，参与国 i 的边际成本上升、边际收益下降，但在 E 点左侧，该国提高供给量的边际收益依然大于边际成本。因此，虽然参与国 i 为弥补其他参与国每单位减少供给量而付出的努力必然大于 1 单位，但仍然有继续增加供给的激励，且此激励持续到临界点 E。

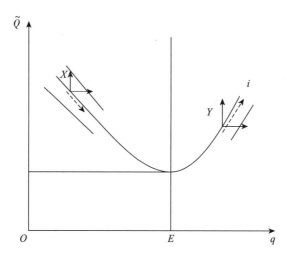

图 4-4　国际公共产品供给行为的无差异曲线

国际公共产品供给博弈可以被表示为无差异曲线，且最优反应函数曲线由无差异曲线的最低点构成。其原理可以通过对比 E 点左侧及右侧的不同位置得到。当 Y 点处的参与国 i 的供给量 q 一定时，增加其他参与国的供给量 $\tilde{Q}$ 会使参与国 i 的无差异曲线移动到更高的位置；但当其他参与国的供给量 $\tilde{Q}$ 一定时，参与国 i 追加供给量反而使无差异曲线下移。相比之下，当 X 点处的参与国 i 供给量 q 一定时，其他参与国的供给量 $\tilde{Q}$ 的增加会使参与国 i 的无差异曲线向上移动，即参与国 i 的效用提升；当其他参

与国的供给量 $\tilde{Q}$ 一定时，追加 q 可以将无差异曲线推到高位。

与此相反，尽管博弈定义和假设一致，但国际公共资源掠夺行为的最优反应函数曲线呈倒"U"形，由最高位的临界点 E 构成，效用越高的点反而出现在位置越低的无差异曲线上，以描述"公地悲剧"的博弈过程。此时，参与国的掠夺行为会增加本国收益而增加其他参与国的成本，"损人利己"的形势随着各参与国供给量的增加而恶化。如图 4 - 5 中 X 点与 Y 点所示，q 为参与国 i 对国际公共资源的"掠夺量"而不再是国际公共产品的供给量，其他参与国的"掠夺量"为 $\tilde{Q} = Q - q$。为弥补其他参与国采取行动造成的损失，参与国 i 与其他参与国会同时出现共同掠夺公共资源的行为。临界点 E 的左侧表示参与国 i 的掠夺行为边际成本小于边际收益，超过 E 点后边际成本则大于边际收益。当其他参与国进行更多的行动时，参与国 i 保持原策略会降低本国效用；而当其他参与国保持原策略时，参与国 i 在 E 点之前持续追加"掠夺量"使其效用不断提高，超越临界点 E 后出现恶化。此时，由所有无差异曲线的最高点组成的最优反应函数曲线呈现倒"U"形。

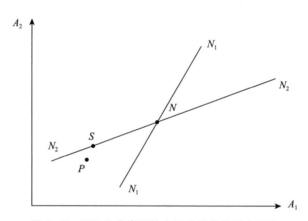

图 4 - 5　国际公共资源掠夺行为的最优反应函数

本节将函数 F 定义为最大化的一阶条件，则有：

$$F = \frac{\partial U_i}{\partial A_i} = \left(c_i \frac{\partial U_i}{\partial x_i} + \frac{\partial U_i}{\partial L} \frac{\partial L}{\partial A_i} \right) \qquad (4 - 11)$$

进一步推导参与国 i 的最优反应函数曲线的斜率为：

$$\frac{dA_i}{dA_j} = \frac{\partial F}{\partial A_j} \Big/ \frac{\partial^2 U_i}{\partial A_i^2}$$

则有：

$$\frac{dA_i}{dA_j} = \left[\frac{\partial - \left(c_i \dfrac{\partial U_i}{\partial x_i} + \dfrac{\partial U_i}{\partial L} \dfrac{\partial L}{\partial A_i} \right)}{\partial A_j} \right] \Big/ \frac{\partial^2 U_i}{\partial A_i^2}$$

$$= - \frac{- c_i \dfrac{\partial^2 U_i}{\partial x_i \partial L} \dfrac{\partial L}{\partial A_i} + \dfrac{\partial^2 U_i}{\partial L^2} \dfrac{\partial L}{\partial A_i} \dfrac{\partial L}{\partial A_j} + \dfrac{\partial U_i}{\partial L} \dfrac{\partial^2 L}{\partial A_i \partial A_j}}{\partial^2 U_i / \partial A_i^2}$$

令

$L_i = \partial L / \partial A_i, L_j = \partial L / \partial A_j, U_{iL} = \partial U_i / \partial L, U_{iLL} = \partial^2 U_i / \partial L^2, U_{ixL} = \partial^2 U_i / \partial x_i \partial L, L_{ij} = \partial^2 L / \partial A_i \partial A_j$

得出：

$$\frac{dA_i}{dA_j} = - \frac{- c_i U_{ixL} L_j + U_{iLL} L_j L_i + U_{iL} L_{ij}}{\partial^2 U_i / \partial A_i^2}$$

在各参与国国际公共产品供给博弈过程中：

因 $\partial^2 U_i / \partial A_i^2 < 0$ 以及 $U_{iLL} < 0$；$c_i > 0$、$U_{ixL} > 0$ 且 $U_{iL} > 0$；则可推导出 $L_i > 0$、$L_j > 0$、$L_{ij} < 0$，同时，$- c_i U_{ixL} L_j < 0$、$U_{iLL} L_j L_i < 0$、$U_{iL} L_{ij} < 0$，进一步求得：$dA_i / dA_j < 0$，即参与国 i 的替代策略斜率为负。

同理，在各参与国的公共资源掠夺行为博弈中：

因 $L_i > 0$、$L_j < 0$、$L_{ij} > 0$，则有 $- c_i U_{ixL} L_j > 0$、$U_{iLL} L_j L_i > 0$、$U_{iL} L_{ij} > 0$，进一步可得出 $dA_i / dA_j > 0$，即参与国 i 的互补策略斜率为正。

由此可见，在国际公共产品供给博弈中，由于参与国 i 替代策略斜率 dA_i / dA_j 为负，参与国 i 的供给行动会降低其他参与国的供给意愿，选择"搭便车"。

四 领导—跟随行为

本节基于前文最优反应函数的结论进一步分析参与国异质性的非合作博弈，在"一带一路"倡议下探讨各参与国的领导—跟随行为。在前文的国际公共产品供给技术的基础上，结合强者供给技术和弱者供给技术的模型推导，基于沿线各参与国的异质性，继续对各国的领导—跟随博弈进行讨论。

将各参与国的领导—跟随博弈命名为博弈三。

在此博弈中，策略集合、信息集合以及效用函数均与前文相同。其与前文的博弈行为的区别仅在于此时两个参与国不再同质。参与国1为供给行为的领导者而参与国2为其跟随者。即在此动态博弈中，参与国2的策略选择取决于参与国1的行为。用A_1代表参与国1的策略，以参与国2的最优反应函数为约束条件；则参与国2的策略为$A_2（A_1）$，即每个A_1都在参与国2的最优反应函数曲线上有对应的策略点。可求出领导国的效用最大值，取A_1使：

$$\max U_1\{I_1 - c_1 A_1, L[A_1, A_2(A_1)]\} \tag{4-12}$$

通过一阶条件可知：

$$\frac{\partial U_1}{\partial x} \frac{\partial (I_1 - c_1)}{\partial A_1} + \frac{\partial U_1}{\partial L}\left(\frac{\partial L}{\partial A_1} + \frac{\partial L}{\partial A_2}\frac{dA_2}{dA_1}\right) = 0$$

以及

$$-c_1 \frac{\partial U_1}{\partial x} + \frac{\partial U_1}{\partial L}\frac{\partial L}{\partial A_1} + \frac{\partial U_1}{\partial L}\frac{\partial L}{\partial A_2}\frac{dA_2}{dA_1} = 0$$

此时，令

$$U_{1x} = \partial U_1/\partial x，\ U_{1L} = \partial U_1/\partial L，\ L_1 = \partial L/\partial A_1，\ L_2 = \partial L/\partial A_2$$

可得：

$$-c_1 U_{1x} + L_1 U_{1L} + L_1 U_{1L}(dA_2/dA_1) = 0 \tag{4-13}$$

在图4-6中，直线$N_1 N_1$为领导国1的最优反应函数曲线，直线$N_2 N_2$为跟随国2的最优反应函数曲线，P点为$N_1 N_1$与$N_2 N_2$在该点同时满足帕累托最优。由$L_1 > 0$、$U_{1L} > 0$，且$dA_2/dA_1 < 0$，$H = L_1 U_1 < (dA_2/dA_1)$，得出$H < 0$，式4-13比式4-4多出的一项用$H$替代该项，可知$H = L_1 U_{1L}(dA_2/dA_1)$。表示在国际公共产品的供给行为中，领导国1的帕累托最优的供给水平会高于纳什均衡，这表示国际公共产品的供给不足。

相比之下，在图4-7的国际公共资源掠夺行为博弈中，纳什均衡点N点的位置则高于帕累托最优的P点。在国际公共资源的掠夺博弈中，国际公共产品的供给量过大，导致纳什均衡点远超过帕累托最优点。领导—跟

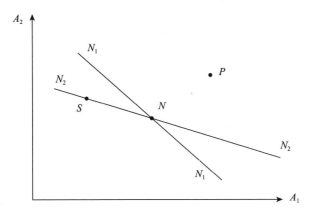

图 4 - 6 国际公共产品供给博弈

随均衡点 S 点处于跟随国 2 的最优反应函数曲线 N_2N_2 上，即在领导国 1 与跟随国 2 经过博弈后达到均衡，跟随国 2 依据领导国 1 的行为做出的最优策略选择。可见，领导—跟随均衡点 S 点的位置与纳什均衡点的位置关系存在差异。由于在国际公共产品供给博弈中，领导国在国际公共产品中的供给量小于纳什均衡下的供给量，此时，最优反应函数的斜率为负，跟随国需要追加更多的供给量。当均衡点 S 点在纳什均衡点 N 点的左边时，掠夺行为博弈发生。由于 $L_2 < 0$、$U_{1L} > 0$ 且 $dA_2/dA_1 < 0$，此时 $H > 0$，跟随均衡点 S 点位置低于纳什均衡点 N 点，领导国诱导跟随国采取掠夺行为，随后减少其自身掠夺行为。

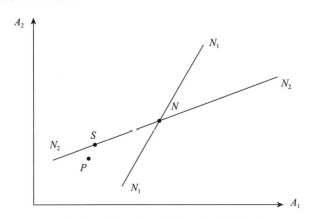

图 4 - 7 国际公共资源掠夺行为中的博弈

综上，在国际公共产品供给的非合作博弈中，各参与国基于本国利益而背叛合作的激励导致其选择不合作，纳什均衡解为双方皆不合作。可见，"囚徒困境"中的双方因追求个体利益最大化而导致在集体行动中陷入困境，造成国际公共产品供给不足。在国际公共产品的供给过程中，一国的供给收益并不必然与其他国家的供给成本相等，因而"利己"行为并非必然建立在"损人"的基础上，不合作策略并不必然占优。通过长期多次的重复博弈，仍存在参与国之间实现互利共赢的可能。"一带一路"国际公共产品供给涉及沿线众多国家，且共建项目需要付出巨大的供给成本，相关的利益关系错综复杂，需多个国家间进行合作供给。各参与国有机会修正本国的策略选择，将追求个体利益最大化转变成追求集体利益最大化，从不合作走向合作，以破解国际公共产品中的供给困境。

第二节 "一带一路"国际公共产品
供给的合作博弈

纳什均衡模拟国际公共产品供给中"囚徒困境"的非合作博弈的情形，对于所有参与国而言，（不合作，不合作）为唯一纳什均衡解。但纳什均衡无法实现国际公共产品供给中的双赢，各参与国之间仍为非合作博弈，相互合作只有在长期多次重复"囚徒困境"博弈时才能实现，但此结果仍与（合作，合作）所带来的支付矩阵和净收益悬殊。本节通过分析讨价还价的博弈，阐述参与国在选择合作时的激励及内在动因。基于此博弈过程，分析在国际公共产品的供给中如何实现合作博弈，并结合"一带一路"沿线国家的异质性，进一步分析子博弈的均衡。

一 讨价还价

利益冲突存在于非合作博弈转向合作博弈的整个过程之中。在国际公共产品合作博弈中，参与国通过谈判与签订协议等行为进行"讨价还价"，以增加实现合作而采取的策略选择，被学界认为是非合作博弈转向合作博弈的最佳路径。此时，为实现合作而产生的"讨价还价"行为会导致出现多重均衡，即同时存在的多个纳什均衡解，这也是合作博弈与非合作博弈的主要区别。

国际合作中的"讨价还价"行为本质上是对合作的成本分摊及利益分

配。在国际公共产品供给的合作博弈中，存在多重纳什均衡。参与国有可能将注意力集中于某个特定的均衡。参与国的国家经济实力、国家政策、国际关系及文化历史等成为所有参与者博弈行为的多个纳什均衡，在研究国际公共产品供给的问题中，解决问题的关键是得到参与国合作博弈的纳什均衡。多重均衡存在于地理位置毗邻、经济发展水平更为接近或拥有相似历史背景且具有异质性的国家之间。在实行欧盟这类制度类国际公共产品中，参与国之间进行其他国际合作方面的障碍相对较小，都有利于处于技术领先且擅长领域的参与国。尽管对于所有的参与国而言，合作供给带来的激励远高于单独供给的效用。但出于个体理性，各参与国期望在合作过程中分配更多的利益，这构成各参与国的"相对利益"追求，构成各参与国合作博弈中的利益配置问题，进而导致各参与国进行讨价还价，是研究讨价还价博弈的出发点（李占一，2015）。

假设两个相关参与国共享资源总量为1，分配方案呈现 $(x, 1-x)$ 的形式，为使两个参与国均能获得收益，且任一个参与国的收益介于0与1之间，即 $0 \leq x \leq 1$，则所有满足条件的 $(x, 1-x)$ 均为纳什均衡。此时，两个参与国均不偏离均衡策略状态，即为合作博弈中的"讨价还价"行为。本节就两个参与国进行讨价还价博弈展开分析，将讨价还价博弈命名为博弈四。此博弈分析的过程如下。

（1）将讨价还价博弈限于对两个参与国的博弈行为，博弈者集合为 $I = \{i, i = 1, 2\}$。

（2）将讨价还价博弈的函数形式定义为有序对偶 (V, v)。其中，V 是二维空间 R^2 的闭凸子集；$v = (v_1, v_2)$，为 R^2 中无法达成协议的配置点，v_1，v_2 表示两个参与国各自单独行动的配置。

（3）将可行性配置集合 V 表示为集合 (x_1, x_2)。其中，x_1 为参与国1的供给效用，x_2 为参与国2的供给效用。在参与国1与参与国2达成合作后，合作供给国际公共产品的效用为 $v(\{1, 2\})$，且有 $x_1 + x_2 = v(\{1, 2\})$。

（4）集合 V 由 (x_1, x_2) 组成的是二维空间 R^2 的一个子集。其中，$(v\{1, 2\}, 0)$，$(0, v\{1, 2\})$ 包含两个极端点（参与国从合作中获得的收益），表示合作供给过程中的分配效用必然要大于单独供给时获得的效用；$V \cap \{(x_1, x_2) \mid x_1 \geq v_1, x_2 \geq v_2\}$ 为非空有界。

（5）本书考虑到在讨价还价博弈过程中，两个参与国均具有理性行为，且参与国最终所获效用不能低于单独供给国际公共产品时的效用，否则无法达成合作。因此，在讨价还价博弈合作中，至少有一种配置能使各参与国参与合作后的收益高于付出的成本，这是讨价还价博弈合作的基础。

（6）对于任意可行配置 $x = (x_1, x_2)$ 都有 $x_1 \geq v_1$，$x_2 \geq v_2$；达成合作之前两个参与国各自单独行动的配置为 $v = (v_1, v_2)$；达成合作时两个参与国配置为 $x = (x_1, x_2)$。由此可见，v_1、v_2 分别为两个参与国的谈判底线。

对于两人讨价还价博弈 (V, v)，存在满足不动点定理的唯一讨价还价解。在求解讨价还价模型中，从可行性配置集合 V 中选取能使其成为谈判或仲裁结果的配置 $\Phi(V, v)$。在本节，根据不动点定理求出两个参与国的唯一纳什讨价还价解，此时 $(x_1 - v_1)(x_2 - v_2)$ 达到最大的 $x = (x_1, x_2)$，即纳什讨价还价博弈具有唯一解。即：

$$(V, v) \in \mathrm{argmax}(x_1 - v_1)(x_2 - v_2) \tag{4-14}$$

在可转移效用的合作博弈中，可转移效用可在参与国间相互转移，因此任一参与国将由于多得到 1 个单位的国际公共产品而提升相应的效用。因此，参与国的效用函数可假定为关于该国际公共产品的线性函数。因此，在本节的合作博弈分析中，重点分析效用配置中可转移效用的讨价还价问题。假设 (V, v) 是可转移效用的两人讨价还价问题，以 v 表示两个参与国合作供给国际公共产品的数量，则可行性配置集合 V 可表示为：

$$V = \{(x_1, x_2) \in R^1 \mid x_1 + x_2 \leq v\} \tag{4-15}$$

当谈判无法达成一致而合作难以实现时，v 无法实现均衡配置并回到初始点 (v_1, v_2) 处的收益。此时，如图 4-8 所示，纵坐标表示参与国 1 的理性 v_1，横坐标表示参与国 2 的理性 v_2；集合 (V, v) 有三个临界值 v、v_1 与 v_2，合作博弈的纳什均衡解则位于 $x_1 \geq v_1$、$x_2 \geq v_2$、$x_1 + x_2 \leq v$ 所构成的区域内，纳什均衡解位于帕累托最优曲线 $x_1 + x_2 = v$ 上。

$$\varphi_1 = \frac{1}{2}(v + v_1 - v_2), \varphi_2 = \frac{1}{2}(v - v_1 + v_2) \tag{4-16}$$

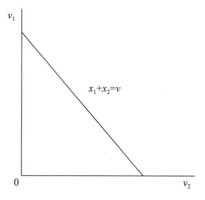

图 4 - 8 讨价还价的可能区间

式 4 - 16 中的 φ_1 和 φ_2 为纳什均衡解,位于双曲线 $(x_1 - v_1)(x_2 - v_2) = c$ 与直线 $x_1 + x_2 = v$ 的切点上。在国际公共产品供给的谈判中,为提高效用参与国可以尽可能地提高底线 v_1 或降低底线 v_2。在无法达成一致时,原有效用能够最大限度地影响讨价还价的结果。

二 重新谈判

在国际公共产品的供给合作中,参与国之间根据合作与执行情况进行多轮谈判,成为其讨价还价的主要形势。国际谈判一般需要多轮交锋,但谈判达成合作协议后仍可能在实施过程中遭遇背叛行为,可能出现未按照规定执行协议或变本加厉滥用公共资源等现象。本节通过两阶段博弈模型,使用贴现因子计算不同策略选择下的收益差距,分析有限重复博弈与重新谈判以及无限重复博弈与重新谈判。

(一) 有限重复博弈与重新谈判

在完全信息的重复博弈中,每个阶段均存在参与国之间的策略博弈。从图 4 - 9 可知,在国际公共产品供给中,参与国陷入"囚徒困境"时,其纳什均衡为 (N, N) 且唯一,且支付向量为 (P, P)。此时纳什均衡劣于合作策略组合 (C, C) 时的支付向量 (R, R)。如果在每个阶段博弈中,参与国均选择不合作的策略 (N, N),则在有限重复博弈的过程中,子博弈的均衡唯一,且在任何阶段参与国都无法通过合作达到 (C, C)。

从图 4 - 9 可知,为得到讨价还价后的折中方案,在"囚徒困境"中引入新策略,在引入新策略后的博弈存在两个纳什均衡解 (N, N) 与 $(D,$

参与国2

	C	N	D
C	(R, R)	$(0, T)$	$(0, 0)$
N	$(T, 0)$	(P, P)	$(0, 0)$
D	$(0, 0)$	$(0, 0)$	(B, B)

参与国1（行：C、N、D）

图 4 - 9　增加策略后的新阶段博弈

D)，且 (D, D) 优于不合作的均衡解 (N, N)。该方案由双方共同达成，只有策略组合 (D, D) 才是意义的纳什均衡解。此时，支付 B 满足 $P < B < R$；由于上文可知 S 代表某参与国选择合作、却被另一参与国背叛时的所获得的支付，是最差的情况，不妨设 $S = 0$，有 $T > R > B > P > 0$。同时，此时为完全信息博弈，参与国的选择会受上一阶段博弈结果的影响，并根据上一阶段的结果来评估下一阶段的策略，以使最终结果满足纳什均衡。由于在新阶段的博弈有两个纳什均衡，假如参与国在上一阶段仍选择背叛策略 (N, N)，则最终阶段的支付向量必然为 (P, P)，即为对参与国的惩罚。相反，假如参与国间的合作达成一致，则上一阶段的博弈中会选择策略 (C, C) 而最终阶段选择策略 (D, D) 以满足纳什均衡，即为对参与国的激励。

参与国2

	C	N	D
C	$(R+B, R+B)$	$(P, T+P)$	(P, P)
N	$(T+P, P)$	$(2P, 2P)$	(P, P)
D	(P, P)	(P, P)	$(B+P, B+P)$

参与国1（行：C、N、D）

图 4 - 10　两阶段博弈的总支付矩阵

在"一带一路"倡议下，参与国之间要根据合作与执行情况进行多轮谈判，出现有限重复博弈。如图 4 - 10 所示，两阶段博弈的总支付矩阵九个单元格分别代表在不同情况下两个阶段博弈支付的总和。只有在第一阶段的策略选择了 (C, C)，才能在第二阶段达到纳什均衡 (D, D)，因此只有策略 (C, C) 的单元格加上了支付 (B, B)，其余八个单元格均加上了不合作的惩罚 (P, P)。图 4 - 10 中的三个纳什均衡 (C, C)、(N, N) 和 (D, D)，分别对应两阶段重复博弈的三个子博弈完美均衡 $[(C, C)$，$(D, D)]$、$[(N, N), (N, N)]$ 以及 $[(N, N), (D, D)]$。此时，$[(C, C), (D, D)]$ 优于其他两个子博弈完美均衡，表示参与国在第一阶段可达成合作。

将博弈阶段重复到第 n 次，可以发现参与国的态度与普通"囚徒困境"类似，存在有限重复博弈过程。参与国在前一阶段中合作，在最后一阶段仍然选择纳什均衡 (D, D)；一旦某个参与国偏离合作，另一参与国会采取"以牙还牙"策略将惩罚执行到底。在两阶段博弈中，一旦发现第一阶段的结果不是合意的 (C, C) 就在第二阶段选择 (N, N) 似乎并非理性行为，显然纳什均衡 (D, D) 对所有参与国是更优的选择。于是，在有限重复博弈中就出现了重新谈判的可能性，对利益最大化的追求使参与国可能放弃对背叛者的惩罚。假设不管第一阶段的策略如何选择，第二阶段都选择 (D, D)，将第二阶段支付矩阵加到第一阶段后，出现与原博弈完全相同的纳什均衡，导致第一阶段无法达成合作，$[(C, C), (D, D)]$ 不再是两阶段重复博弈的子博弈完美均衡。因此，第一阶段出现的偏离合作导致第二阶段可供选择的纳什均衡中不能再出现 (D, D)，即不容许再次讨价还价。

在图 4 - 10 的基础上，增加策略 E、F、G、H，扩大支付矩阵，如图 4 - 11 所示。此时该博弈具有四个纯策略纳什均衡 (N, N)、(D, D)、(E, G) 和 (F, H)。

参与国2

	C	N	D	G	H
C	(R, R)	$(0, T)$	$(0, 0)$	$(0, 0)$	$(0, 0)$
N	$(T, 0)$	(P, P)	$(0, 0)$	$(0, 0)$	$(0, 0)$
D	$(0, 0)$	$(0, 0)$	(B, B)	$(0, 0)$	$(0, 0)$
E	$(0, 0)$	$(0, 0)$	$(0, 0)$	(R, L)	$(0, 0)$
F	$(0, 0)$	$(0, 0)$	$(0, 0)$	$(0, 0)$	(L, R)

参与国1（行标签：C、N、D、E、F）

图 4 - 11 增加策略 E、F、G、H 后的阶段博弈

在两阶段重复博弈中，假设在第二阶段开始前观察到第一阶段的结果，则可以预测：第一阶段的合作为策略 (C, C)，第二阶段的合作为策略 (D, D)；当第一阶段为策略 (C, y) 时，y 为除 C 以外的任何策略，即参与国 2 偏离合作，其在第二阶段的结局为 (E, G)，即参与国 2 受到惩罚且支付为 L，而参与国 1 得到补偿，支付为 R。由对称性可知，当第一阶段为策略 (x, C) 时，x 为 C 以外的任何策略，即参与国 1 偏离合作，其在第二阶段的结局为 (F, H)，即参与国 1 受到惩罚且支付为 L，而参与国2得到补偿，支付为 R。当第一阶段为策略 (x, y) 时，即二者同时偏离了合作，则第二阶段的结局仍为 (D, D)。

将上文分析出的第二阶段支付结果与第一阶段相加，得到新的支付矩阵，如图4-12所示。在新的纯策略博弈支付矩阵中，(C, C)、(N, N) 和 (D, D) 均为纯策略的纳什均衡。进行两阶段重复博弈推导，第一阶段的支付通过相加后得到第二阶段，两阶段重复博弈的三个子博弈完美均衡分别为 $[(C, C), (D, D)]$、$[(N, N), (D, D)]$ 以及 $[(D, D), (D, D)]$，且有支付向量 $(R+B, R+B)$ 优于支付向量 $(B+P, B+P)$ 及支付向量 $(2B, 2B)$。则 $[(C, C), (D, D)]$ 优于其他两个子博弈完美均衡，在所有子博弈完美均衡中帕累托占优。

参与国2

	C	N	D	G	H
C	$(R+B, R+B)$	$(P, T+L)$	(R, L)	(R, L)	(R, L)
N	$(T+L, P)$	$(B+P, B+P)$	(B, B)	(B, B)	(B, B)
D	(L, R)	(B, B)	$(2B, 2B)$	(B, B)	(B, B)
E	(L, R)	(B, B)	(B, B)	$(B+R, B+L)$	(B, B)
F	(L, R)	(B, B)	(B, B)	(B, B)	$(B+L, B+R)$

（参与国1对应左侧 C、N、D、E、F 各行）

图4-12　纯策略博弈的支付矩阵

通过以下公式的推导：

$$P_1 = \{(P,P),(B,B),(B+P,L),(L,B+P)\} = Q_1$$
$$R_1 + Eff(P_1) = \{(B,B),(B+P,L),(L,B+P)\}$$
$$P_2 = \{(R+B,R+B),(B+P,B+P),(2B,2B)\}$$
$$R_2 = (R+B,R+B)$$

当 t 取1时，策略选择 (C, C) 的支付为 (B, B)，此时的帕累托最优为 $[(C, C), (D, D)]$。

综上所述，"赏罚分明"是终止重新谈判的可行途径。当某个参与国在第一阶段选择偏离合作时，其在第二阶段的策略会得到相应的惩罚；当双方同时偏离合作时，双方也可以协商将在第二阶段采取的策略作为补偿而不是惩罚。这些策略均为纳什均衡，没有参与国会再次加入重新谈判。由此可见，无论惩罚与否，采用纳什均衡均将导致重新谈判无法持续，原因是在惩罚背叛者的同时补偿不背叛者，则不背叛的参与国在第二阶段有追求其他均衡的可能。"赏罚分明"所形成的子博弈完美均衡能够有效终止重新谈判,而能否实现"赏罚分明"则取决于是否得到纳什均衡。

(二) 无限重复博弈与重新谈判

由上述有限重复博弈的分析可知,在国际公共产品供给中,重新谈判持续时间的长久性和终止时间的不确定性,导致因无法明确何时为最后一阶段博弈而出现无限重复博弈,后推归纳方法失效。在"一带一路"倡议中,沿线国家在环境保护、能源治理以及科技合作等领域经常陷入此类无限重复谈判的"囚徒困境"。

所有子博弈完美均衡不存在重新谈判。在"囚徒困境"博弈中,无限重复博弈的子博弈为完美均衡,不合作是唯一的静态纳什均衡解,导致无限重复博弈最终无法达成合作。相比之下,参与国采取"以牙还牙"策略,由最初合作到某一阶段出现偏离合作者时,实施惩罚使双方回到静态纳什均衡 (N, N) 的不合作策略,即子博弈完美均衡。双方最初的合作为帕累托最优,且优于不合作策略,此时会激励参与国进入重新谈判,从无休止的惩罚回到合作策略。由于支付向量不同,两种情况下参与国采取的策略存在差异。在背叛策略中,支付向量无论从哪个阶段开始,后续的支付向量均应为均衡支付,导致重新谈判无法持续。在"以牙还牙"策略下,合作策略的支付向量包含所有收益及所有惩罚。无休止的惩罚劣于合作,所以参与国受到激励通过重新谈判回到合作。

具体而言,使用贴现因子计算不同策略选择下的收益差距,进一步分析有限重复博弈与重新谈判。首先,弱方重新谈判的出发点是使均衡下支付集合 Q 在任意阶段都能被实现,且在支付集合 Q 中的所有支付均对应某一均衡的后续支付。若所构造的支付集合 Q 中,没有一个均衡的支付是帕累托劣于 Q 中另一个均衡支付的,此时的 Q 即为弱方重新谈判的支付集合。同时,由于 Q 为单点集 (R, R) 的重新谈判的支付集合,即在任意时刻选择背叛的后续支付向量均为 (R, R)。根据"以牙还牙"策略构造的支付集合 Q 不再选择重新谈判,则合作优于无休止的惩罚,整个博弈过程通过以下公式进行推导。

假设参与国 1 首先偏离合作并接受惩罚,且惩罚具有周期性,受罚后回到合作状态,则参与国的总支付为:

$$S + R(\delta + \delta^2 + \delta^3 + \cdots \delta^n) = S + \frac{R\delta}{1 - \delta} \qquad (4-17)$$

其中，贴现率总和为：

$$\sum \delta = 1 + \delta + \delta^2 + \delta^3 + \cdots \delta^n = \frac{1}{1-\delta}$$

平均持续支付为：

$$\left(S + \frac{R\delta}{1-\delta}\right)(1-\delta) = (1-\delta)S + R\delta \qquad (4-18)$$

当贴现因子 δ 无限接近于 1 时，弱方重新谈判的结局是无限重复"囚徒困境"。当两个参与国均采取补偿策略时，某一参与国单独偏离合作会导致策略转向对该参与国的惩罚状态。当某一参与国支付为 C 而另一参与国支付为 N 时，惩罚将持续到第一次背叛出现的阶段，直到博弈回到合作状态为止。此时，背叛的参与国支付为 S，另一参与国支付为 P，构成对前者的惩罚而对后者的补偿。假设参与国 1 选择再次偏离合作 [(N, N), (C, N)]，则平均持续支付为：

$$(1-\delta)\left(P + S\delta + \frac{R\delta^2}{1-\delta}\right) = (R-S)\delta^2 + (S-P)\delta + P \qquad (4-19)$$

将上述"囚徒困境"支付矩阵的数值代入式 4-19 与式 4-18 中，其中，$S = -10$，$R = -8$，$P = -2$，将式 4-19 减去式 4-18 即得到：

$$9\delta^2 - 11\delta + 2 = (\delta-1)(9\delta-2) \qquad (4-20)$$

此时，贴现率 δ 接近于 1 且小于 1。当满足 $\delta \neq 1$，式 4-20 将小于 0，参与国坚持偏离合作后得到的收益劣于保持合作。进而继续考察参与国 2 在参与国 1 偏离合作时的不同平均支付。当参与国 1 偏离合作并且参与国 2 同意对其惩罚时，参与国 2 的平均支付为：

$$(1-\delta)\left(T + \frac{R\delta}{1-\delta}\right) = (1-\delta)T + R\delta \qquad (4-21)$$

当参与国 2 不惩罚参与国 1，而是在其背叛后立刻进入合作状态时，参与图 2 的平均支付为：

$$(1-\delta)\left(\frac{R}{1-\delta}\right) = R \qquad (4-22)$$

式 4-21 与式 4-22 作差后得到结果 $(1-\delta)(R-T)$，由于 $R < T$，当满足 $\delta \neq 1$ 时，参与国 1 利益最大化，因此参与国 2 应惩罚参与国 1。

由此可见，由于 Q 为单点集 (R, R) 的重新谈判的支付集合，意味着参与国在任意选择总是背叛的后续支付向量均为 (R, R)。根据"以牙还牙"策略构造的 Q 不再选择重新谈判，因此合作优于无休止的惩罚。在合作状态时，任何一个参与国的偏离均将触发惩罚周期，当贴现率 δ 充分接近于 1 时不会给自己带来好处，因此此策略为子博弈完美均衡。对任意时刻的 h_t，分别有合作、单独背叛或同时背叛三种情况，对应的子博弈平均持续支付向量分别为 (P, P)、$(T\delta + S, T + S\delta)$ 以及 $(T + S\delta, T\delta + S)$，这三个支付向量不存在帕累托最优。因此，在无限重复博弈的"囚徒困境"中，完成有效支付的关键是惩罚偏离合作的参与国，补偿不违背合作的参与国。

三 联盟博弈

由前文分析可知，两国之间的讨价还价博弈是国际公共产品供给中最简单的合作博弈。在"一带一路"倡议下，沿线国家众多且各国之间的经济发展水平差异大，国际关系错综复杂。在两国讨价还价博弈情形中，参与国较易通过协商和谈判达成合作协议，最终实现国际公共产品合作供给。随着参与国的数量逐渐增加，谈判破裂导致国际公共产品的供给情形转变为更为复杂的联盟博弈。

多个参与国通过谈判等讨价还价博弈达成合作。与两国的讨价还价合作博弈相似，联盟博弈集合有 n 个参与国。其中，单个参与国本身构成一子联盟，多个参与国构成其他子联盟组合形式。子联盟为 $2^n - 1$ 个组成参与国的联盟集合。本书将此联盟博弈命名为博弈五，将联盟博弈的函数形式定义为有序对偶 (N, v) 且包含了参与国集合 N 和从 $2^N \rightarrow R$（实数）的特征函数 v。

（1）博弈主体为 n 个国家共同构成大联盟 N，则博弈者集合：$N = \{i, i = 1, 2, \cdots, n\}$；

（2）令 2^N 为子联盟组成的集合，子联盟为 $S \in 2^N$，将 S 的 n 维特征向量记作 e^s，则有：

$$e_i^s = \begin{cases} 1, & \text{如果} i \in S \\ 0, & \text{如果} i \in N \setminus S \end{cases}$$

其中，$i \in N \setminus S$，表示 i 国在大联盟中，但不在子联盟中。

本节将联盟博弈的特征函数构成的集合记为 G^n，将定义特征函数联盟总体收益的集值函数定义为 $v(S)$。与非合作博弈相比，联盟博弈更具策略空间，子联盟 S 与子联盟 $N \setminus S$ 之间可形成有效的可转移效用，同时子联盟 $N \setminus S$ 的任何联盟均不能阻止子联盟 S 的成员国获得 $v(S)$ 的收益。收益分配是合作博弈特别是联盟博弈的关键，也是研究如何使参与国在联盟博弈中实现本国收益最大化的重点。

四 合作收益分配

通过比较联盟博弈两种合作中博弈解"核"与 Shapley 值，本节进一步通过分析联盟博弈中的解，研究"一带一路"倡议下合作收益的分配问题。首先，在"一带一路"倡议下的国际合作问题中，可转移效用是联盟博弈面临的基本问题。当多个国家形成联盟时，如何分配联盟合作供给的收益及成本分担成为关键问题。联盟博弈的解应考虑到各参与国及其子联盟的利益分配，避免因子联盟对收益分配不满意而导致联盟合作失败。其次，从可行性配置集合中选出能够维系联盟合作的最优解。关于联盟博弈的解应具备以下两方面对联盟博弈具有意义的特征。一方面，要满足不存在任何 $S \in 2^N \setminus \{\Phi\}$，且使得这个 S 可以改善 x 的条件；另一方面，从可行性配置集合中挑选出的满足这种要求的配置全体就构成了可行性配置的子集，得到博弈的一个具有多个支付向量的集值解。

核（core）作为具有多个支付向量的集值解，代表联盟理性支付的集合，任何形式的子联盟均理性而成员国中的个体非必然理性。本节将博弈 $v \in G^n$ 作为核 $C(v)$ 的集合，联盟博弈的核解被定义为联盟中所有参与国都认可的前提条件。Shapley 值作为联盟博弈中的重要解，主要弥补核有可能为空集的缺陷。由于形成与加入联盟存在先后顺序，每个参与国在合作供给国际公共产品过程中的收益存在差距。假定对所有参与国按照加入联盟的先后顺序进行排列，位置偏后的参与国既可以不用承担先加入国家为组建该组织所付出的努力与成本，又可以按照已经形成的协议享受有利的分配方案。依据这样的排列和分配规则，所有参与国都希望自己的位置靠后。由于每个参与国都会获得包括其本国和前面先行进入联盟的各国结盟带来的边际贡献，因此谈判的合意结果是让参与国处于各个位置的概率相同,最后得到的配置为 n！个可能的支付向量的算术平均数。

比较核与 Shapley 值,两者都是联盟博弈的解,都有可能为各参与国提供愿意共同遵从的合作方案。首先,核可为空集,可能找不到一种被所有子联盟都接受的分配方案。其次,核值不唯一,满足核条件的可行性配置可能有无穷多个。尽管如此,核配置使联盟具有凝聚力。假设联盟合作中的任何国家或子联盟都是理性的,从理性的角度对所有分配方案做出判断,是一个稳定集。但在实际解决国际冲突时,不同子联盟或参与国提出各自的解。相比之下,Shapley 值具有唯一解,从理论上避免各参与国陷入多个解困境。同时,Shapley 值未必满足个体理性的前提,参与国在联盟合作中按照分配方案获得的收益未必超过单独行动时获得的收益,这导致参与国具有偏离大联盟的意愿。

五 国家异质性下的跨国博弈

本节基于国家异质性分析国际公共产品供给中的跨国博弈均衡模型。国家间的异质性决定了各国在博弈中扮演领导者、跟随者或"搭便车"者等不同角色。各参与国根据在不同策略下的收益进行策略选择,并最终依据各国的策略选择形成不同的博弈均衡。

(一) 跨国博弈的基本假设

(1) 整个国际社会只有三个参与国对国际公共产品的供给问题进行决策,每个国家拥有的收入以 I_i 为外生给定的约束变量。

(2) 纯国际公共产品 Q 和私人产品 x_i 两种最终产品为每个参与国消费的产品。其中,假定每个国家的贡献量相同,$Q_i = g$;纯国际公共产品的供给量 Q 由各参与国共同完成,即 $Q = \sum_{i=1}^{n} Q_i$。各参与国的国际公共产品供给量为 g 或选择"搭便车",则 $g = 0$。私人产品 x_i 的生产和消费均具有独立性,且一国将全部收入投用于私人产品与国际公共产品的生产中,表示为:$I_i = x_i + Q_i$。

(3) 根据假设一和假设二,将效用函数设为 $u_i = u_i (x_i, Q) = x_i + a_i Q + x_i Q$;国家收入的外生差异 I_i 以及国家偏好差异 a_i 同时被引入个体国家决策中;其中,a_i 用于表示各国对国际公共产品的偏好;交叉项 $x_i Q$ 表示国家消费的私人产品与国际公共产品的非线性关系。

（4）国际公共产品的跨国供给包括发起和实现两个阶段。每个参与国在这两个阶段均对应着集体行动角色中的领导者和跟随者，策略选择集合为（组织，参与）、（组织，不参与）、（不组织，参与）以及（不组织、不参与）。

（5）跨国集体行动发起需要支付的组织成本 c，主要包括信息交流与沟通、谈判与协商以及建立和维持正式组织的成本。组织成本 c 由领导国家承担，国际公共产品的组织成本低于生产成本。

（二）国际公共产品的跨国博弈均衡

假设三个参与国均为理性经济人，根据跨国集体行动的阶段顺序，分别比较选择组织跨国集体行动与不选择组织跨国集体行动的收益，并做出是否选择组织跨国集体行为的策略。为进一步明确在国家异质性基础上，模拟各参与国跨国集体国际公共产品供给博弈的过程，对各国的异质性收入与偏好进行排序。三个参与国的收入对国际公共产品的偏好依次递减，表示为：

$$a_1 > a_2 > a_3, I_1 > I_2 > I_3, a_1 + I_1 > a_2 + I_2 > a_3 + I_3$$

同时，参与国 1 在选择组织跨国集体行为时，其余参与国选择跟随的收益为 $(I_i - g) + a_i(3g) + (I_i - g)(3g) - c$；一参与国跟随而另一参与国选择"搭便车"的收益为 $(I_i - g) + a_i(2g) + (I_i - g)(2g) - c$；其余两个参与国均选择"搭便车"的收益为 $(I_i - g) + a_i g + (I_i - g)g - c$；参与国 1 选择不组织跨国集体行为时，国际公共产品的供给量为 0，此时 i 国的收益为 I_i；在无法判断其他参与国的决策时，参与国 1 选择组织跨国集体行动的条件为 $(I_1 - g) + a_1 g + (I_1 - g)g - c > I_1$，通过推导可以进一步得出 $a_1 + I_1 > \dfrac{c}{g} + g + 1$。在满足该条件时，参与国 1 才会承担相应的组织跨国集体的成本。由此可见，当有参与国组织跨国集体行为时，国际公共产品供给博弈进入第二阶段——其他参与国对是否跟随跨国集体行为进行决策。

假定在此博弈中三个参与国效用函数相同，国际公共产品供给量对参与国效用的最大影响无差异。在无法判断其他参与国是否组织跨国集体行动的前提下，$a_1 + I_1$ 越大，跨国集体行动参与国越富有，对国际公共产品的偏好越强,组织跨国集体行动供给国际公共产品的概率越高。参与国根据对国际公共产品的偏好、本国收益以及对其他参与国的行为预期,形成不同的策略集合,进而决定其在跨国集体行动中扮演的是领导者还是跟随者的角色。在此博弈情景中,相比于参与国1,参与国2以跟随者的角色参与跨国集体行动的概率更高。各参与国在跨国集体行动的角色确定以后,国际公共产品供给转化成图4-13中的动态博弈过程。

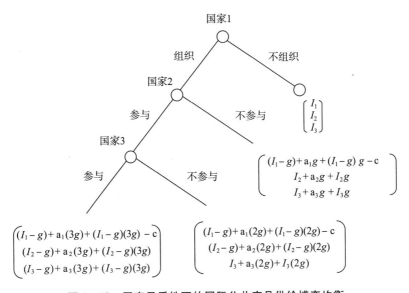

图4-13　国家异质性下的国际公共产品供给博弈均衡

本节利用逆向归纳法求解该博弈的纳什均衡,博弈的行动顺序为:首先,由参与国1进行选择;其次,参与国2根据参与国1的选择决定是否参与跨国集体行动;最后,参与国3在观测到参与国1和参与国2的决策后,再决定参与或不参与。如表4-1所示,在第三阶段参与国3进行参与决策:当 $a_3 + I_3 < 3g + 1$,参与国3选择不参与。同理,在第二阶段中由参与国2进行参与决策,由于 $a_3 + I_3 < a_2 + I_2 < 2g + 1$,参与国2若选择不参与则参与国3也选择不参与。在第一阶段,由参与国1选择组织或不组织跨国集体行动,有如下四种情形,即该博弈存在四个子博弈纳什均衡。

表 4－1　国家异质性下的国际公共产品供给博弈均衡

均衡	均衡条件		均衡结果
	国家 1	国家 2 与国家 3	
1	$a_1 + I_1 > \dfrac{c}{g} + g + 1$	$a_3 + I_3 < a_2 + I_2 < 2g + 1$	（组织，不参与，不参与）
2	$a_1 + I_1 > \dfrac{c}{2g} + g + \dfrac{1}{2}$	$a_2 + I_2 > 2g + 1$，且 $a_3 + I_3 < a_2 + I_2 < 3g + 1$	（组织，参与，不参与）
3	$a_1 + I_1 > \dfrac{c}{3g} + g + \dfrac{1}{3}$	$a_2 + I_2 > a_3 + I_3 > 3g + 1$	（组织，参与，参与）
4	$a_1 + I_1 < \dfrac{c}{g} + g + 1$	$a_3 + I_3 < a_2 + I_2 < \dfrac{c}{g} + g + 1$	（不组织，不参与，不参与）

（1）当 $a_1 + I_1 > \dfrac{c}{g} + g + 1$ 且 $a_3 + I_3 < a_2 + I_2 < 2g + 1$ 时，参与国 1 能够预测参与国 2 和参与国 3 均不参与，但此时进行国际公共产品的供给对于参与国 1 有利，此时参与国 1 选择独立供给，且供给量为 g。

（2）当 $a_1 + I_1 > \dfrac{c}{2g} + g + \dfrac{1}{2}$，$a_2 + I_2 > 2g + 1$ 且 $a_3 + I_3 < a_2 + I_2 < 3g + 1$ 时，参与国 1 能够预测参与国 2 会选择跟随参与，但参与国 3 会选择"搭便车"；此时，参与国 1 就会组织跨国集体行动供给国际公共产品，供给总量为 $2g$。

（3）当 $a_1 + I_1 > \dfrac{c}{3g} + g + \dfrac{1}{3}$ 且 $a_2 + I_2 > a_3 + I_3 > 3g + 1$ 时，参与国 1 能够预测到参与国 2 和参与国 3 均会参与跨国集体行动，此时，参与国 1 就会承担组织跨国集体行动的成本，此时国际公共产品总供给量达到 $3g$。

（4）当 $a_1 + I_1 < \dfrac{c}{g} + g + 1$，且 $a_3 + I_3 < a_2 + I_2 < \dfrac{c}{g} + g + 1$ 时，参与国 1 能够预测到组织跨国集体行动供给国际公共产品必然会造成其他两国的"搭便车"，此时不组织跨国集体行动的收益高于组织时的收益，参与国 1 必然不会承担跨国集体行动的初始成本。

由此可见，在跨国集体行动中，国际公共产品供给与国家的异质性密切相关，建立在不同异质性上的策略导致不同行动结果。随着国家收益与偏好以及不同国家间异质性差异程度的变化，参与供给的国家数量与国际公共产品供给总量会呈现不同的结果。国家的异质性决定着各国在跨国集体行动的发起和实现过程中扮演不同角色。收益较高、偏好强烈的国家从国际公共产品中获取的效用较高,较有可能在跨国集体行动中扮演领导者的角色,承担更多的跨国集体行动成本。在预测到其他国家选择跟随参与时,领导国承担的组织成本降低。在其他参与国跟随参与的情况下,领导国的收益随国际公共产品供给总量的增加而增加。同时,跨国集体行动中的谈判与沟通对于国际公共产品合作供给至关重要。

第三节 小结

本章以"一带一路"倡议为背景,分析国际公共产品的供给博弈,包括非合作博弈与合作博弈两部分内容。首先,在第一节中分析国际公共产品供给中的非合作博弈情形,阐述国际公共产品供给从非合作走向合作的前提与转化条件。其次,在第二节中分析讨价还价、重新谈判等博弈模型的众多纳什均衡,进一步研究国际公共产品供给中的联盟博弈情形,模拟在不同条件下各参与国如何在博弈过程中实现合作。最后,通过分析异质性下的国际公共产品供给博弈均衡、协调联盟中各子联盟的利益以及合作中的收益分配等问题,模拟国家异质性下国际公共产品供给的动态博弈过程。

综上,在国际公共产品供给的非合作博弈中,各参与国基于本国利益而背叛合作的激励导致其选择不合作,但不合作策略并不必然占优。通过长期多次的重复博弈,存在参与国之间实现互利共赢的可能。各参与国有机会修正本国的策略选择,将追求个体利益最大化转变成追求集体利益最大化,从不合作走向合作,以破解国际公共产品的供给困境。收益分配是合作博弈特别是联盟博弈的关键,收益较高、偏好强烈的国家从国际公共产品中获取的效用较高,较有可能在跨国集体行动中扮演领导者的角色,承担更多的跨国集体行动成本。

第五章　"一带一路"国际公共产品的供给现状

"一带一路"倡议作为中国参与全球经济治理的方案，向世界提供了更丰富的国际公共产品，为当前处于困境之中的全球经济治理注入新的动力，成为经济全球化走出困境的重要引擎。本章基于上文对国际公共产品供给的理论机制分析，结合当前沿线国家的基本状况，分析"一带一路"国际公共产品的供给基础，以及中国供给的比较优势和面临的困境。

第一节　"一带一路"倡议的国际公共产品属性

2015 年，时任外交部部长王毅提出"一带一路"倡议是中国向世界提供的公共产品。如表 5-1 所示，"一带一路"沿线国际公共产品类型主要有三类，分别为纯公共产品、准公共产品及俱乐部公共产品。近年来，学术界对"一带一路"倡议的国际公共产品属性进行深刻探讨。涂永红（2015）认为，"一带一路"倡议是中国向国际社会提供的公共产品，分别从国际合作模式、基础设施互联互通、国际货币以及新型国际金融组织等四个方面来增加国际公共产品供给。

表 5-1　"一带一路"沿线国际公共产品类型

纯公共产品	准公共产品	俱乐部公共产品
跨域环境治理	经贸合作体系	跨国基础设施
全球疾病控制	跨域能源合作	跨国科技交流
国际合作理念	跨境防治疾病	跨国网络安全

"一带一路"倡议属于国际公共产品。从国际公共产品的演进来看，"一带一路"作为中国惠及全球的倡议，是新型全球化的动力和载体。目前，"一带一路"倡议已被联合国大会和安理会等决议纳入，进入国际话语体系。从国际公共产品的属性来看，"一带一路"是由中国倡议、各方共同打造、实现互利共赢的国际公共产品，具有非排他性。同时，"一带一路"倡议根植于全球发展意愿，为推动《联合国2030年可持续发展议程》的实现提供动力。从沿线布局来看，"一带一路"横贯亚欧大陆，涵盖中国与东南亚、南亚、中亚、西亚、欧洲和非洲等经济体。从"一带一路"提供的公共产品模式来看，主要是通过政策沟通、设施联通、贸易畅通、资金融通、民心相通五大领域来推进沿线国家经济发展、应对区域危机、推动亚太地区经济一体化进程等。

"一带一路"倡议与国际公共产品理论的内涵高度契合，均强调通过国际合作实现国际社会的共同发展。"一带一路"倡议具有高度开放性和全面包容性，从国际公共产品的供给对象来看，沿线各国均可从中受益。"一带一路"倡议尊重参与国家的实际发展需要，通过共同建设并遵守利益分享原则，实现沿线国家或区域内部的互惠共赢。同时，共建"一带一路"符合国际社会的根本利益，是对国际合作及全球治理新模式的积极探索，有助于世界和平发展。"一带一路"倡议致力于维护全球自由贸易体系和开放型世界经济，推动各国实现经济政策协调发展，共同打造开放包容、均衡普惠的合作架构。由此可见，"一带一路"倡议不是封闭性的俱乐部公共产品，其潜在受益方涵盖所有有愿意参与的国家。除设施联通、贸易畅通、资金融通等更多的经济收益外，参与利益还包括各国的发展能力构建等。

第二节 "一带一路"国际公共产品的供给基础

据世界银行统计，"一带一路"沿线国家多属于新兴经济体和发展中国家，总人口约占全球的60%，经济总量约占全球的30%，是全球和跨境投资增长最快的地区之一。区域内地区众多，在经济治理方面，中亚、南亚、西亚、东南亚和中东欧等地区对基础设施类、科技类和制度类国际公共产品的需求日益旺盛。同时，由于区域内地区经济发展不平衡，多数国家或地区对公共产品需求具有较为明显的异质性。因此，本节通过构建双层结构模型，对"一带一路"沿线国家综合发展水平进行评估，分析"一带一路"沿线国家对不同类型国际公共产品的偏好。

一 沿线国家基本状况

"一带一路"沿线国家数量众多，是一个具有民族、文化、经济、政治多样性的综合体，"一带一路"沿线国家按区域划分如表5-2所示。以地理区域划分"一带一路"沿线国家有助于更好地评估沿线国家或地区的需求。各国民族文化、资源禀赋、经济水平、发展模式、政治体制、法律制度各异，因此，对国际公共产品的需求也表现出明显的异质性。

表5-2 "一带一路"沿线国家按区域划分

区域	国家
东北亚	蒙古国、俄罗斯
东南亚	新加坡、印度尼西亚、马来西亚、泰国、越南、菲律宾、柬埔寨、缅甸、老挝、文莱、东帝汶
南亚	印度、巴基斯坦、斯里兰卡、孟加拉国、尼泊尔、马尔代夫、不丹
西亚北非	阿联酋、科威特、土耳其、卡塔尔、阿曼、黎巴嫩、沙特阿拉伯、巴林、以色列、也门、埃及、伊朗、约旦、叙利亚、伊拉克、阿富汗、巴勒斯坦、阿塞拜疆、格鲁吉亚、亚美尼亚
中东欧	波兰、阿尔巴尼亚、爱沙尼亚、立陶宛、斯洛文尼亚、保加利亚、捷克、匈牙利、马其顿、塞尔维亚、罗马尼亚、斯洛伐克、克罗地亚、拉脱维亚、波黑、黑山、乌克兰、白俄罗斯、摩尔多瓦
中亚	哈萨克斯坦、吉尔吉斯斯坦、土库曼斯坦、塔吉克斯坦、乌兹别克斯坦

资料来源：https://www.yidaiyilu.gov.cn/jcsjpc.htm。

（一）"一带一路"沿线国家综合发展水平

为测算"一带一路"沿线国家的综合发展水平，我们设立综合经济发展、国家治理、资源禀赋、环境保护、社会发展、营商环境等8个维度，并选取相应的二级指标。

1. 经济发展

选取名义GDP总量、人均GDP及实际GDP增长速度三个指标来评估沿线国家的经济发展水平。其中，以美元现值折算的名义GDP衡量整体经济实力和经济规模，以人均 GDP 衡量国民生活水平，以实际 GDP 增长速度衡量该国经济发展所处阶段。

2. 国家治理

选取世界银行所使用的用于衡量世界各国治理水平的 6 个方面的指标来对"一带一路"沿线国家的治理水平进行对比分析。这 6 个方面的指标是指政治稳定、政府效率、反馈问责、规制安排、法律质量和腐败控制。世界银行在构建全球治理指标体系时认为，治理涵盖了一系列的传统和制度构建，正是通过这样的构建，各国政府和机构才得以行使权力并管理国家。实践证明，这套指标体系能够较好地评估政府选举和监督机制的公平性和透明度、能够较好地反映政府的政策制定和执行能力、能够较好地衡量公民权益是否被充分尊重、能够较好地评估社会监管机构是否有效运转。因此，我们借用世界银行用于计算全球治理指数的 6 个治理指标来评估"一带一路"沿线国家的治理水平和状况。

3. 资源禀赋

资源禀赋是国际公共产品供给的物质基础，对多边合作具有重大意义。选取人均耕地面积、人均水资源和人均化石能源三个指标来反映"一带一路"沿线各国的资源禀赋状况。丰富的耕地储备是农业发展的必要条件，也是一国经济腾飞的基础；充沛的水资源不仅是农业、制造业等各行各业得以快速发展的重要条件，更是直接影响国计民生的重要因素；"一带一路"沿线国家中有相当一部分经济发展主要依赖石油、天然气等能源的出口，因此对这些国家而言，化石能源资源也是直接影响其中长期发展潜力与方向的重要因素。

4. 环境保护

选取人均二氧化碳排放量和森林覆盖率两个指标来反映"一带一路"沿线国家的环境保护状况与生态环境条件。人均二氧化碳排放量能够较好地反映各国经济增长的能耗情况；而森林覆盖率能够较好地反映各国吸纳经济发展过程中产生的二氧化碳和污染物的环境条件。

5. 社会发展

选取预期寿命、平均受教育年限、失业率和女性劳动力占比四个指标来反映"一带一路"沿线国家的社会发展水平。参考联合国人类发展指数测算的指标选择，本书从健康、教育和经济三个方面对"一带一路"沿线国家的社会发展状况进行评估。其中，预期寿命可以很好地反映各国居民的生活品质与健康状况；平均受教育年限可以反映各国的人力资本水平；失业率可以反映国民经济收入来源与水平；女性劳动力占劳动力总数比重可以反映男女平等的程度以及女性在劳动力市场的参与度，也是衡量社会进步的一项重要指标。

6. 营商环境

借用世界银行的企业营商环境指数来评估"一带一路"沿线国家的营商环境。这套指数体系分成两个板块，分别衡量政府对企业进行监管的有效性以及各国法律制度的完备性。前者用来衡量开办企业、办理施工许可、获得电力、登记财产、交税和跨境贸易所涉及的监管程序与效率；后者用于评估获得信贷、投资者保护、合同执行、破产办理、工人雇用等各方面的法律法规框架的健全性。这些指标从企业的角度评估根据相关法律法规完成一项交易所需的手续、时间和成本。通过这 11 个指标综合得出的指数可以清晰地反映营商环境水平。

7. 结构转型

选取城镇化率和制造业增加值占 GDP 比重这两个指标来反映国家的总体结构变化与转型。城镇化率反映的是城乡结构的变化与转型，制造业增加值占 GDP 比重反映的是各国的工业化发展程度。由于"一带一路"沿线的大多数国家是发展中国家，因此推动城镇化和工业化发展进程对促进这些国家的整体发展具有十分重要的意义。

8. 规模效应

具有不同规模的国家，其发展路径是有差别的，发展的效应也是不一样的，本书选取总人口和国土总面积这两个指标对"一带一路"沿线国家的规模进行评估。经济发展存在一定的规模效应，人口集聚的国家拥有更为庞大的消费和劳动力市场，而一个国家拥有广阔的领土意味着该国具备更为丰富的自然资源禀赋。因此，人口较多和面积较大的国家在经济发展过程中往往具备一定的优势。

参考学者胡必亮、潘庆中（2017）通过构建双层结构模型对"一带一路"沿线国家综合发展水平进行研究。如表 5 - 3 所示，一级指标分别为经济发展、国家治理、资源禀赋、环境保护、社会发展、营商环境、结构转型和规模效应。具体而言，通过定量计算方法由低到高逐层对一级指标进行加权平均计算,再通过两次加权平均计算综合发展指数。

根据指标背后所代表的不同含义,其评估值存在以下两种情况:其一,评估得分与二级指标的数值正相关,二级指标的数值越大,评估得分就越高;二级指标的数值越小,评估得分就越低,大多数指标属于这种情况。其二,评估得分与二级指标的数值负相关,二级指标的数值越大,评估得分就越低;二级指标的数值越小,评估得分就越高,"失业率"和"人均二氧化碳排放量"这两项二级指标就属于第二种情况。

表5-3 "一带一路"沿线国家综合发展水平评估指标体系

一级指标	二级指标
经济发展	GDP总量(名义)、人均GDP(名义)、GDP增速(实际)
国家治理	政治稳定、政府效率、反馈问责、规制安排、法律质量、腐败控制
资源禀赋	人均耕地面积、人均水资源、人均化石能源
环境保护	人均二氧化碳排放量、森林覆盖率
社会发展	预期寿命、平均受教育年限、失业率、女性劳动力占比
营商环境	企业营商环境指数
结构转型	城镇化率、制造业增加值占GDP比重
规模效应	总人口、国土总面积

选取表5-3所示的8个一级指标和23个二级指标,构建双层结构模型,使用2019年各国的实际统计数据,测算"一带一路"沿线各国的综合发展得分,并进行排名。对于个别国家缺失个别年份数据的情况,采用线性插值法进行填补,具体做法为用可得数据的均值来代替当年缺失的数值。

评估结果显示,综合发展水平最高的20个国家分别为(排名由高到低排序):新加坡、中国、爱沙尼亚、斯洛文尼亚、立陶宛、俄罗斯、捷克、马来西亚、拉脱维亚、以色列、文莱、保加利亚、斯洛伐克、匈牙利、波兰、泰国、格鲁吉亚、罗马尼亚、克罗地亚、白俄罗斯;综合发展水平最低的20个国家分别是(排名由低到高排序):也门、阿富汗、伊拉克、叙利亚、巴勒斯坦、马尔代夫、孟加拉国、塔吉克斯坦、巴基斯坦、东帝汶、埃及、黎巴嫩、尼泊尔、伊朗、土库曼斯坦、缅甸、老挝、柬埔寨、吉尔吉斯斯坦、乌兹别克斯坦；其余25个国家处于中间水平。对比分析各国的发展状况、合作前景、亟待解决的发展问题等，其表现出以下特征。

第一，政治稳定与良好的国家治理是发展的基本前提。政治稳定、国家治理水平较高的国家，其综合发展水平都比较高。相反，政治局势不稳定或者治理水平较低的国家，其发展水平往往落后。如新加坡、斯洛文尼亚、捷克、以色列这4个国家在资源禀赋、人口和土地规模等方面存在短板。然而，这4国均进入综合发展水平前列，在"一带一路"沿线65个国家中分别位列第1、第4、第7、第10，其重要原因之一在于这些国家在政治上保持长期稳定且国家治理水平比较卓越。而也门、阿富汗、伊拉克、叙利亚这4个综合发展水平排在最末的国家，也是在国家治理方面排名最靠后的国家，仅排名稍有变化。其他在政治稳定与国家治理水平专项排在倒数前10位的国家，如巴勒斯坦、塔吉克斯坦、乌兹别克斯坦等，其综合发展水平也大多排在后10位。

第二，"一带一路"沿线国家经济发展极不均衡。2019年，"一带一路"沿线65个国家人均GDP的平均值是11276美元，其人均国民收入（GNI）分布及平均人均GDP如表5－4所示。其中，高收入国家（按照世界银行的标准，人均GNI①高于12535美元）共有19个，这19个高收入国家人均GDP的平均值为27187美元；中等偏上收入国家（人均GNI位于4046～12535美元）23个，人均GDP的平均值为7156美元；中等偏下收入国家（人均GNI位于1036～4045美元）19个，其人均GDP的平均值为2538美元；低收入国家（人均GNI低于1036美元）有4个，分别是阿富汗、也门、叙利亚、塔吉克斯坦，这4个国家的人均GDP平均值仅有893美元。

表5－4 "一带一路"沿线国家的人均GNI分布及平均人均GDP

单位：美元，个

组别	划分标准（人均GNI）	国家个数	该组别的平均人均GDP
低收入	＜1036	4	893

①　本书按人均GNI近似等于人均GDP进行统计处理。

组别	划分标准（人均 GNI）	国家个数	该组别的平均人均 GDP
中等偏下收入	1036～4045	19	2538
中等偏上收入	4046～12535	23	7156
高收入	>12535	19	27187

"一带一路"沿线高收入国家平均人均 GDP 是低收入国家的 30.4 倍。19 个高收入国家中，有 13 个处于综合发展水平前 20 位，这在相当程度上说明一国综合发展水平与其经济发展密不可分，良好的经济发展有利于促进国家治理、社会发展、结构转型等其他方面的提升。基于"一带一路"沿线区域经济发展的情况，在综合排名前 10 的国家中，有一半是中东欧国家；而在综合发展水平最靠后的 10 个国家中，西亚、北非地区有 5 个，占 50%，这说明中东欧国家的经济发展水平较高，而西亚、北非由于长期政治动乱，缺少经济发展所需的政治和营商环境，综合发展水平较低。

第三，能源优势显著，合作前景广阔。"一带一路"沿线国家是世界上最重要的能源生产基地。《BP 世界能源统计年鉴》公布的数据显示：按国家衡量，中国是迄今为止最大的能源增长驱动器，占全球能源净增长的 3/4 以上。"一带一路"沿线国家产出 60% 以上的世界化石能源。就石油生产而言，在 2019 年全球油产量国家排行榜中，排名前 30 的国家中有 15 个属于"一带一路"沿线国家，占比为 50%；其石油生产总量约为 24.29 亿吨，贡献全球的 53% 以上；在世界石油产量排名前三的国家中，俄罗斯（5.68 亿吨）和沙特（5.56 亿吨）分别位居第 2 和第 3。此外，"一带一路"沿线国家还产出世界总量一半以上的天然气（2019 年天然气产量增长 1320 亿立方米，中国和俄罗斯都是增长的关键贡献者）、70% 左右的煤炭（2019 年全球煤炭产量同比增长 1.5%，其中中国和印度尼西亚的增幅最大；在世界煤炭储量的 1.07 万亿吨中，俄罗斯和中国分别贡献了 15% 和 13%）。

2019 年全球一次能源消费同比增长 1.3%。其中，可再生能源消费增长贡献最大，为 41%，其次是天然气贡献 36%。从消费总量上看，化石燃料占全球一次能源消费的 84%，石油占全部能源消费的 33% 以上。其中"一带一路"沿线国家化石能源消费总量占比50%以上，消费全球40%左右的石油、45%左右的天然气和70%左右的煤炭。2019年全球石油消费增加量排名前5的国家中，4个为"一带一路"沿线国家，分别是中国（第1）、伊朗（第2）、印度（第3）和俄罗斯（第5）。2019年煤炭消费下降，在一次能源结构中所占份额降至27%，是近16年来的最低水平，在此背景下，中国和印度尼西亚对煤炭的消费量逆势上涨，分别贡献1.8亿焦耳和0.6亿焦耳。2019年世界天然气消费量增长2%，需求增长主要来源于美国和中国。可以说，"一带一路"沿线国家既是世界化石能源的主要生产者，又是化石能源的主要消耗者。同时，"一带一路"沿线国家人口基数大，其人均化石能源消费水平低于全球平均水平，所以有着巨大的增长潜力。

从整体区域看，"一带一路"沿线国家既是大量能源的生产基地，也是广阔的消费市场。但从区域内的国别来看，不同国家间存在较大异质性。一方面，部分能源生产大国不能完全满足其国内消费需求，如印度和中国。另一方面，部分能源生产大国的国内市场无法消耗其产能，如哈萨克斯坦、俄罗斯等，这意味着，"一带一路"沿线国家开展能源合作的前景十分广阔，有利于打造合作共赢的区域能源共同体。

第四，结构转型升级速度加快，主要体现在制造业增加值占GDP比重和城镇化率这两个方面。其一，沿线国家制造业增加值占GDP比重加速上升，发展势头强劲。2019年，在65个国家中有27个国家的制造业增加值占GDP比重超过世界平均水平，制造业增加值占比为20%左右的国家有15个，比较优势十分显著。其二，"一带一路"沿线国家正快速推进城镇化，2019年区域城镇化率达到58.7%，高于同期世界平均水平。

第五，在"一带一路"倡议提出之后，沿线国家的经济发展水平持续稳步提高，但是也面临以下一些问题。

粮食安全方面。"一带一路"沿线国家中，多数国家的粮食产量并不能满足其本国人民的需求。从"一带一路"沿线国家的整体情况来看，粮食产量普遍比较低，60%以上的国家需要通过从国外进口粮食来满足本国人民对粮食的基本需求。一是因为该区域人口比较多，人均农业资源（如耕地、淡水等）比较少。"一带一路"沿线55.4%的国家人均耕地面积比世界平均水平要小,沿线人均水资源(0.3万立方米)只有世界人均水资源(0.6万立方米)的1/2。如耕地面积排名世界第1的印度、第3的俄罗斯、第4的中国,虽然耕地面积比较大,但是人口也非常多,导致人均占有量较低。除上述三个国家,其他大多数国家的耕地面积较小。二是因为沿线国家中有约70%的国家采用粗放式经营,粮食产量普遍低于世界平均水平。由于沿线国家中多数国家国内粮食供给小于需求,因此粮食安全问题是该区域发展必须解决的一大问题。

能源依赖方面。"一带一路"沿线国家中有些国家的经济增长在很大程度上依赖于能源开采。例如哈萨克斯坦、俄罗斯和中东地区能源资源十分丰富,开采这些能源就是这些国家促进GDP增长、发展经济的途径。"一带一路"沿线国家中石油出口占货物贸易总出口的比例超过1/2的国家有10个(比如科威特占比约为95%、卡塔尔占比约为88%、哈萨克斯坦占比约为77%等)。在"一带一路"沿线国家中,人均GDP排名前10的国家中只有新加坡不算是能源十分丰富的国家,其他国家的经济增长完全依赖自身丰富的能源储备。如果这些国家长期依靠能源储备来促进经济增长,当能源价格在国际市场上出现较大波动或者这些国家自身的能源开采面临枯竭时,其经济发展就会出现很大的问题。过度依赖能源,并不利于这些国家经济的长期可持续发展。

金融市场方面。"一带一路"沿线部分国家开放程度较高,例如捷克、爱沙尼亚、匈牙利等国家存在高达150%的外贸依存度,新加坡更是采用零关税。部分国家的经济发展过于依赖本国的能源开采,导致其经受不起国际市场的动荡,一旦能源价格在国际市场上出现波动,能源依赖国的金融市场和整个经济体系就会产生动荡。例如格鲁尼亚、俄罗斯等国,在发生全球金融危机以及石油价格大幅下滑时,整个国家的经济会受到比较大的影响。

环境气候方面。"一带一路"沿线国家大多处在工业化发展阶段,化石能源以及煤炭的使用量很大,导致二氧化碳排放量高。数据表明,全球超过1/2的二氧化碳排放来自"一带一路"沿线国家,因此,如果沿线国家能够降低二氧化碳的排放量,可以极大地优化全球环境。

城乡结构方面。"一带一路"沿线国家城镇化率的平均值为58.68%,其中新加坡和卡塔尔的城镇化率均为100%,城镇化率最低的国家为斯里兰卡,仅为 18.48%。中国城镇化的发展速度较快,2019 年的城镇化率为 60.30%。2019 年中国的制造业增加值占 GDP 的比重较高,为 27.20%,远远高于"一带一路"沿线国家的平均值 13.51%。"一带一路"沿线国家的制造业增加值占 GDP 的比重普遍偏低,大多在 20% 以下,这不利于国家经济结构的转型升级,容易导致城乡发展存在"二元结构"问题,即工业化发展滞后于城镇化发展。

(二)"一带一路"沿线国家的投资环境①

"一带一路"建设已进入全面实施的新阶段,中国与共建"一带一路"国家之间的合作水平不断提升,为沿线各国共同发展提供物质基础。本部分从政治环境、经济环境、营商环境、自然环境及对华关系等方面构建"一带一路"国家投资环境评价指标体系。

如表 5-5 及表 5-6 所示,政治环境得分率最高,达到 70.31%,反映"一带一路"沿线国家间政治环境差异最小,"一带一路"沿线国家整体政治环境相对稳定。自然环境得分率最低,离散系数最高,反映"一带一路"沿线国家矿产资源及气候环境禀赋差异较大。

表 5-5 "一带一路"沿线国家投资环境评价指标体系

一级指标	二级指标	三级指标
政治环境	社会稳定性	暴力犯罪
		恐怖袭击
	政治稳定性	治理包容度
		政权平稳度
	外部稳定性	—
经济环境	经济基础	就业水平
		经济发展水平
		通货膨胀
		国际收支
	金融环境	外债偿付
		汇率稳定性

---

① 本部分参考国家信息中心大数据发展部 2018 年发布的"一带一路"国家投资环境评价报告。

续表

一级指标	二级指标	三级指标
营商环境	市场环境	市场容量
		商业管制
		劳动力市场监管
	基础设施	电力设施
		运输基础设施
	政府治理	法治程度
		行政效率
		税务负担
		汇兑限制
自然环境	矿产资源	矿产品出口
		矿物储量
	气候	—
对华关系	文化好感	民众积极情绪
		文化融合
	政治互信	伙伴关系
		高层互访
	投资保障	双边监管合作协议
		多边税收协定
		双边投资协定

表5-6 "一带一路"沿线国家投资环境指数得分

单位：分，%

一级指标	权重	最高得分	最低得分	平均分	得分率
政治环境	22	20.59	6.76	15.53	70.31
经济环境	22	19.21	1.78	13.78	63.23
营商环境	22	20.73	4.21	13.59	61.87
自然环境	18	16.90	2.34	8.45	47.24
对华关系	16	14.75	4.57	9.86	60.75

政治环境方面，东欧地区总体稳定，中亚、西亚和南亚均存在短板。政治环境指标包括政治稳定性、社会稳定性、外部稳定性3个二级指标。

经济环境方面，西亚富裕国家的金融环境较好。经济环境指标包括经济基础、金融环境 2 个二级指标。

营商环境方面，部分国家营商软硬件环境均存在明显短板。营商环境指标包括政府治理、市场环境、基础设施 3 个二级指标。亚洲、大洋洲、东欧、西亚地区国家政府治理能力较强，亚洲和大洋洲地区市场环境整体较好，东欧地区基础设施最为完备。

自然环境方面，各国资源禀赋差异明显，气候总体平稳。自然环境指标包括矿产资源、气候 2 个二级指标。气候方面，"一带一路"沿线国家气候状况总体平稳，超过 65% 的数据来源国年均受灾害影响人口比例低于 1%。极端天气发生频率较高的是南亚地区，水患和高温是其主要自然灾害。

对华关系方面，共建"一带一路"国家对华关系总体较好，为投资合作奠定了良好基础。对华关系指标包括政治互信、投资保障、文化好感 3 个二级指标。倡议提出以来，中国与"一带一路"沿线国家领导人互访近 150 次，与 56% 的"一带一路"国家保持合作及以上级别的伙伴关系，与 45% 的"一带一路"国家签订了多边税收协定、双边投资协定、双边监管合作协议等全面的投资保障文件。

二 合作共建的重点领域

2013 年以来，"一带一路"倡议以政策沟通、设施联通、贸易畅通、资金融通和民心相通为主要内容扎实推进，一批具有标志性的早期成果开始显现，各国对参与共建"一带一路"的认同感和参与度不断增强。本节分别从设施联通、科技合作、贸易畅通、资金融通等方面来分析"一带一路"国际公共产品的重点领域。

（一）"一带一路"沿线国家的设施联通

加快设施联通建设是"一带一路"倡议的关键领域和核心内容。在尊重沿线国家的基础上，基本形成以铁路、公路及航运等为核心的多层次基础设施网络，有效降低区域间生产要素流动的交易成本，促进跨区域资源的优化配置，实现互利合作、共赢发展。基础设施投入不足是发展中国家经济发展的瓶颈，由于"一带一路"沿线国家经济发展水平差距较大、基础设施参差不齐，大多数国家的基础设施薄弱，并且与邻国之间的互通互联程度较低。

"一带一路"沿线国家多属于新兴经济体和发展中国家，基础设施相对薄弱，且随着各国工业化、城镇化和区域经济一体化进程的不断加快，各国对基础设施及公共服务的有效供给产生巨大需求。据亚洲开发银行估计，2016~2030年，亚洲地区基础设施投资需求总计约27万亿美元，年均投资需求约1.7万亿美元，中方推动的六大国际经济合作走廊基础设施建设资金需求预计超过2万亿美元。

牛津经济统计数据显示，2015年亚太地区年均基础设施投资约为995亿美元，中东地区约为845亿美元，欧洲地区约为138亿美元。"一带一路"倡议为加速实现基础设施的互联互通，以基础设施建设对全球经济治理的贡献为主要抓手，推动国际经济合作走廊和通道建设的水平大幅提升，为建立和加强各国互联互通的伙伴关系发挥重要作用。

（二）"一带一路"沿线国家的科技合作

科技合作是国际公共产品的重要组成部分，是提升中国与"一带一路"沿线国家合作水平的重点领域。沿线国家的科研能力、科研水平差异较大，呈现不均衡分布状态。2011年、2015年中国与"一带一路"区域加权引文影响力（FWCI）水平如图5-1所示，中亚、南亚整体的投入产出效率低于中东欧国家。西亚18国的科研论文影响力相对较大。从科研体量上看，2015年西亚18国的研究规模和学术影响力较为领先，中亚在6个区域中的科研体量最小，与其余5个区域的规模存在较大差距。2015年，蒙古国与东盟10国、西亚18国发表的论文得分超出世界平均线，具有较高的学术影响力。上述区域国家中，新加坡、希腊、以色列、沙特阿拉伯表现突出。中国接近世界平均线，其他国家均低于世界平均线。

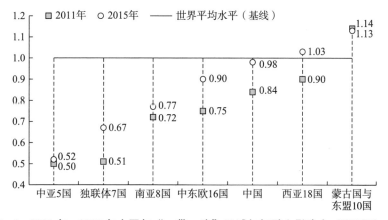

图5-1 2011年、2015年中国与"一带一路"区域加权引文影响力（FWCI）水平

资料来源：中国科学院《"一带一路"科研合作态势报告》。

科技合作具有示范和推广效应。为贯彻落实《推动共建丝绸之路经济带和21世纪海上丝绸之路的愿景与行动》，发挥科技创新在"一带一路"建设中的引领和支撑作用，2016年8月，中国科技部、国家发展改革委、外交部、商务部特制定《推进"一带一路"建设科技创新合作专项规划》。与沿线国家相比，中国科技创新资源丰富，在装备制造、空间、农业、减灾防灾、生命科学与健康、能源环境和气候变化等领域形成技术优势，有利于提升国际合作层次。

中国以周边国家为基础，对于科技发达国家着重"引进来"，逐步推动海外科技创新发展；对于科技落后国家，重点推进科技"走出去"，在海外建立科技示范园。对于科技发达国家，重点采取联合申请政府间科技合作项目开展研究、共建科技合作中心、建立联合实验室、人员互访交流与培训等切实可行的措施。促进科技人员交流合作，与沿线国家就深化科技创新合作；建设一批联合实验室（联合研究中心）、技术转移中心、技术示范推广基地和科技园区等国际科技创新合作平台，鼓励企业在沿线国家建成若干研发中心，重点项目实施初见成效，形成吸引"一带一路"沿线国家科技人才的良好环境，重点产业技术合作推动下的国际产业分工体系初步形成。科技创新合作推动"五通"目标全面实现，建成"一带一路"创新共同体，形成互学互鉴、互利共赢的区域协同创新格局。

（三）"一带一路"沿线国家的贸易畅通

贸易畅通是共建"一带一路"的重要内容。共建"一带一路"促进沿线国家和地区贸易投资自由化、便利化，降低交易成本和营商成本，释放发展潜力，进一步提升各国参与经济全球化的广度和深度。

一是贸易规模持续扩大。2013～2018年，中国与沿线国家货物贸易总额超过6万亿美元，年均增长率高于同期中国对外贸易增速，占中国货物贸易总额的比重达到27.4%。其中，2018年，中国与沿线国家货物贸易总额达到1.3万亿美元，同比增长16.4%。世界银行研究组分析了共建"一带一路"对71个潜在参与国的贸易影响，发现共建"一带一路"将使参与国之间的贸易往来增加4.1%。

二是贸易与投资自由化、便利化水平不断提升。中国发起《推进"一带一路"贸易畅通合作倡议》，83个国家和国际组织积极参与。中国进一步放宽外资准入领域，营造高标准的国际营商环境，设立面向全球开放的

21 个自由贸易试验区，并探索建设自由贸易港，吸引沿线国家来华投资。根据商务部新闻发布会发布数据，中国平均关税水平从加入世界贸易组织时的 15.3% 降至 2021 年的 7.4%。中国与东盟、新加坡、巴基斯坦、格鲁吉亚等多个国家和地区签署或升级了自由贸易协定，与欧亚经济联盟签署经贸合作协定，与沿线国家的自由贸易区网络体系逐步建成。

三是贸易方式创新进程加快。跨境电子商务等新业态、新模式正成为推动贸易畅通的重要新生力量。2018 年，通过中国海关跨境电子商务管理平台进出口商品零售总额达 203.5 亿美元，同比增长 50.0%，其中出口 84.8 亿美元，同比增长 67.0%；进口 118.7 亿美元，同比增长 39.8%。"丝路电商"合作蓬勃兴起，中国与 22 个国家建立双边电子商务合作机制，在金砖国家等多边机制下形成电子商务合作文件，加快企业对接和品牌培育的实质性步伐。

（四）"一带一路"沿线国家的资金融通

资金融通是保证"一带一路"倡议推进的重要支撑。近年来，随着倡议的深入推进，在深化长期稳定、互利共赢的金融合作关系下，沿线国家不断发掘基础设施建设和产能合作潜力，导致融资缺口日趋扩大，这需要构建多边金融合作机制，开发符合共建项目融资条件的创新性金融产品，为共建"一带一路"项目提供资金支持。

多边金融合作机制支撑作用显现。首先，多边金融合作机制有效拓宽融资渠道，促进新兴经济体扩大其投资规模。截至 2018 年，各国主权基金累计投资超过 100 个项目、覆盖 70 多个国家和地区。其中，中欧共同投资基金投资规模达 5 亿欧元，共建"一带一路"对接欧洲投资计划。其次，新型国际投融资模式及各国主权基金和投资基金得到不断探索，金砖国家新开发银行于 2018 年发行首单 30 亿元人民币绿色金融债，各国金融资源对基础设施互联互通、贸易投资及产能合作等领域的融资支持。

金融互联互通不断深化，金融市场体系日趋完善。随着沿线国家金融机构合作领域的扩大，中国提高了国内银行间债券市场的对外开放程度。截至 2018 年，中国进出口银行发行 20 亿元人民币"债券通"绿色金融债券，中国出口信用保险公司对沿线国家投资累计超过 6000 亿美元，熊猫债发行规模达 2000 亿元人民币。同时，建立国际货币基金组织联合能力建设中心，推动沿线国家金融互联互通持续深化。人民币跨境支付系统业务覆盖范围扩大，人民币国际支付、投资、交易及储备功能稳步提高，中国已与20多个沿线国家达成双边本币互换安排，与7个沿线国家达成人民币清算安排，与35个沿线国家的金融监管当局签署合作文件。

三 中国供给的比较优势

中国不仅愿意积极参与全球经济治理，而且具备一定的国家实力与国际影响力，能够同世界各国一道在"一带一路"框架下提供国际公共产品，为世界的和平与繁荣承担应尽的大国责任。

（1）从经济与市场规模来看，2013～2018年，中国GDP年均增长率达9.4%，远超同期世界平均水平，如图5-2所示。中国作为全球唯一拥有全产业链的国家，经济运行总体平稳，居民收入不断增长，内需规模逐年扩大，经济发展稳步推进。作为全球第二大经济体，中国在经济总量、市场容量、产业体系及人力资本方面均具有超大规模的市场优势。

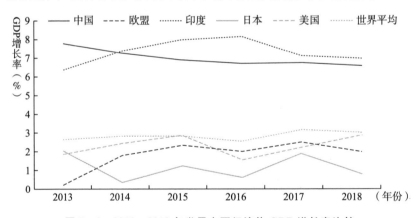

图5-2 2013～2018年世界主要经济体GDP增长率比较

资料来源：根据世界银行数据绘制得到。

（2）从国际贸易优势来看，中国在"走出去"战略的不断推进下，对外开放已形成一个新的格局。根据世界贸易组织发布的年度全球贸易报告显示，2019年，中国全年货物进出口总额达315505亿元，比上一年增长3.4%，其中，对"一带一路"沿线国家的投资合作深入推进，进出口总额为92690亿元，比上年增长10.8%。从图5-3中国出口总额与服务出口占比数据可以看出，2013～2018年中国出口的货物和服务总额呈现上升趋势，且出口中服务占比逐年提升，体现出中国经济转型的特点，也说明中国对外供给的实际值逐渐增加，供给能力逐步提升。

图 5 - 3　2013~2018 年中国出口总额与服务出口占比

资料来源：国家统计局《中国统计年鉴》（2014~2019 年）。

在中国服务出口中，与基础设施建设相关的服务，如运输，建筑，电信、计算机和信息服务等均呈现逐年增加的趋势，其中建筑类服务出口增长最快，从 2013 年的 107 亿美元增加到 2018 年的 265.9 亿美元。与技术相关的服务，如知识产权使用费从 2015 年的 11 亿美元增加至 2018 年的 55.6 亿美元，其增幅位居世界第一。

（3）从基础设施互联互通来看，一方面，中国是基础设施建设原材料（钢铁、煤炭、水泥）的提供方；另一方面，"一带一路"建设产生的合作需求增加，中国有许多对外承包工程。

根据图 5-4 显示的中国对外经济合作数据可看出，2013~2018 年中国对外承包工程的合同金额呈现一定的增长趋势，平均年增长率为 7.8%，且平均完成率（完成营业额/合同金额）超过 70%。2019 年中国企业在"一带一路"沿线新签对外承包工程项目合同 6944 份，新签合同额 1548.9 亿美元，占同期中国对外承包工程新签合同额的 59.5%，同比增长 23.1%；完成营业额 979.8 亿美元，占同期总额的 56.7%，同比增长 9.7%。这在一定程度上说明中国对外输出产能与技术的力度在加大，也表明中国供给国际公共产品的能力在提高。

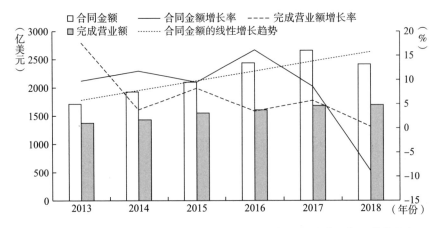

图 5 - 4　2013 ~ 2018 年中国对外承包工程合同金额、完成营业额及其增长率

资料来源：国家统计局《中国统计年鉴》(2014 ~ 2019 年)。

(4) 从全球价值链来看，中国是"全球价值双环流"经济模式的核心节点。一般情况下，中国是发展中国家的中间品的进口国，最终品的出口国；而对发达国家而言，中国是中间品出口国、最终品的进口国。如此贸易分工，既能充分发挥各国的比较优势，又能在更大范围内实现资源优化配置。在整个循环体系中，中国刚好处于核心枢纽的位置。"一带一路"倡议可以作为中国衔接世界经济循环核心节点的重大构想，这主要表现为：第一，整体经济发展水平上，中国处于"一带一路"沿线 65 个国家的中间位置，因此，"一带一路"沿线国家可以被看作一个小型的"价值双循环"模式。第二，贸易和投资是一国参与世界经济的两大途径，中国与"一带一路"沿线国家间的区域合作正不断深入，贸易与投资往来的范围和深度正不断扩展。第三，从全球的产业分工来看，"一带一路"倡议强调的是建立包容开放的国际贸易和投资规则。第四，"一带一路"倡议促进开放型经济的纵深推进，打造产业集群式"走出去"的开放平台，营造活跃的市场氛围，带来更多的发展机遇。第五，中国在"一带一路"基础设施互联互通方面成果丰硕。

第三节　"一带一路"国际公共产品的供给困境

一是国际公共产品供给的"集体行动困境"。集体行动问题是国际公共产品供给中的核心问题。由于国际公共产品的消费具有非排他性,其他国家的公民也可享用本国生产、提供的公共产品或服务,如全球公共卫生、全球安全、跨国界制度以及跨国界基础设施的协调等,存在"搭便车"现象,因此各国缺少主动供给国际公共产品的激励,导致国际公共产品处于供不应求的低配置状态。

国际公共产品的供给不是某一个国家的单方面行为,需要多边的、集体性质的协同行动。国家之间通过合作、集体行动来进行公共产品的供给面临严重的困境,容易出现国际政治市场和国际经济市场同时"失灵"的现象。随着"一带一路"倡议的深入推进,国际公共产品的供给会不断增长,但沿线各国对国际公共产品的需求逐渐增加,国际公共产品市场出现"市场失灵"。

二是国际公共产品的融资困境。国际公共产品的供给需要大量的资金注入,由于国际公共产品的生产过程离散,供给的持续周期较短,公共产品供给的外部性弱,国际社会参与供给更易受外部驱使降低生产成本以获取最大化利益。从世界范围来看,公共部门及私人部门均具备财力资源来供给国际公共产品,但是缺乏世界性的政府,国际公共产品的供给缺乏固定资金来源,供给资金不足成为当前国际公共产品的融资困境。目前国际公共产品的融资表现出以下四种趋势特征:一是绝大部分融资活动发生在各国内部;二是其国际融资主要是工业国家在进行;三是国际融资通常遵循"受益人支付"原则;四是国际融资常常"伪装成"官方发展援助,导致资金投入总量严重不足,使国际公共产品难以得到有效供给。

三是国际公共产品的收益分配和成本分担困境。"一带一路"沿线国家政治经济发展水平、技术标准、相关政策差距明显,各个国家的战略目标存在差异,国家之间、地区之间建设利益难以协调,导致"一带一路"国际公共产品供给在决策方面难以形成合力,不能满足各国经济发展需求。同时,跨国公共项目建设缺乏沟通平台,在国际公共产品供给范围、供给主体、土地政策、合作供给方式、运行管理模式以及利益分配等方面协调难度较大。"一带一路"沿线国家法律体系存在差异,给国际公共产品合作供给与运行管理带来障碍,需要建立国家法律法规标准协同管理平台,建立国际化、便利化的合作纠纷解决机制。

四是国际公共产品供给风险控制能力亟须提升。"一带一路"背景下国际公共产品合作供给的时间不长，缺乏国际经验。与发达国家相比，缺少对东道国市场和政治的风险识别与风险控制管理办法。随着跨国人口流动、国际贸易和投资的规模不断扩大，经济全球化对增加国际公共安全、国际法律制度、国际经济秩序、国际公共基础设施等国际公共产品的供给提出新要求，也导致国际公共产品供不应求的矛盾更加尖锐。

第四节　小结

本章基于前两章国际公共产品供给的理论机制，首先，从供给决策的非排他性、供给的可持续性、供给收益分配的非竞争性三个方面来阐述"一带一路"倡议的国际公共产品属性。其次，构建了双层结构模型，对"一带一路"沿线国家综合发展水平进行评估，并对沿线国家的制度及投资环境进行比较分析，进一步阐述"一带一路"国际公共产品的供给基础。再次，分别从设施联通、科技合作贸易畅通、资金融通等方面来分析"一带一路"合作共建的重点领域。最后，分析了中国供给"一带一路"国际公共产品的比较优势和面临的困境，为后文进一步分析国际公共产品供给奠定现实基础。

第六章　"一带一路"基础设施类国际公共产品的实证分析

习近平总书记指出，丝绸之路首先得要有路，有路才能人畅其行、物畅其流。设施联通是合作发展的基础，也是"一带一路"建设的优先领域。本章以基础设施类国际公共产品为研究对象，分别对东盟十国及中亚五国的基础设施建设水平进行分析，并在此分析基础上提出中国供给基础设施类国际公共产品的可能合作国别与合作领域。

第一节　"一带一路"倡议与基础设施类国际公共产品

"一带一路"倡议推进沿线国家基础设施建设互联互通，有效挖掘沿线国家内部发展潜力，加强沿线国家之间经贸联通，促进区域间经贸合作，为全球经济治理提供方案。基础设施基本不是纯粹的公共产品，因其在大多数情况下具有排他性，具备准公共产品的性质。基础设施为社会发展和民生福祉等提供基本物质条件，是保证整个国家经济正常运行和人民生活便利的公共服务系统。世界银行将基础设施划分为公共设施（包括电信、电力、自来水、卫生和排污设施等）、公共工程（包括公路、大坝、灌溉、排水渠道工程等）和其他交通部门（包括机场、铁路、水路、港口等）。"一带一路"倡议是中国基于自身扩大对外开放需要和顺应世界发展而提出的重大倡议，加强区域内基础设施建设，既符合沿线国家的共同利益，也是中国推进"一带一路"倡议的重要基石。本节内容研究的主要对象为直接参与产品生产过程的经济性基础设施。

共建"一带一路"国家多属于新兴经济体和发展中国家，总人口约占全球的60%，经济总量约占全球的30%，是全球和跨境投资增长最快的区域之一。区域内地区众多，中亚、南亚、西亚、东南亚和中东欧等地区对基础设施的需求日益旺盛。然而，由于区域内地区经济发展不平衡，多数国家或地区的基础设施建设仍存在"联而不通、通而不畅"的问题，基础设施供给不足与运营效率不高的状况并存，其成为制约中国与沿线各国深度合作与共同发展的薄弱环节。

"一带一路"沿线国家经济发展具有明显的异质性，对基础设施投资的需求也存在地区差异。中亚、南亚、西亚、东南亚和中东欧等多为新兴和发展中经济体，基础设施相对薄弱；沿线经济发达国家现有的基础设施难以适应经济高速发展的需要，同样有待更新换代。2015年，亚太地区基础设施投资约为995亿美元，中东地区约为845亿美元，欧洲地区约为138亿美元。

2016年，"一带一路"沿线65国的核心基建项目及交易总额超过4930亿美元，主要集中于公用事业、交通、电信及能源等行业。如表6-1所示，"一带一路"沿线国家对于基础设施建设资金的需求量巨大，难以完全依靠市场提供。基础设施具有"区域性混合产品"属性，资金主要来源于本国的政府财政、发达国家及国际组织官方发展援国。

表6-1　"一带一路"沿线国家基础设施的提供方式与融资来源

性质	类别	援助机构
纯公共提供	政府性资金	政府财政、官方发展援助
准公共提供	政策性金融	国家开发银行、中国进出口银行
准市场提供	开发性金融	世界银行、亚洲开发银行、亚洲基础设施投资银行、丝路基金、金砖国家新开发银行等
纯市场提供	商业性金融	商业银行、养老基金、主权基金、债权市场等

第二节　东盟十国基础设施建设

东盟全称为东南亚国家联盟，是亚洲具有极大影响力的国家联盟，建设成就有目共睹。从地理位置的角度来看，东南亚各国所处的区域经济增长迅速，交通发展较快，资源禀赋较好，石油及天然气勘探程度较高。除此之外，在亚洲的东南部地区，东盟有着很多错综复杂的航海道路，东盟可以发挥其作用帮助吸引和聚拢东亚其他国家积极和广泛地参与区域合作。近年来全球经济持续疲软，但是东盟的经济仍然可以保持较高的增长率。

东盟自由贸易区成立以来，中国与东盟双方合作的层次不断提高，主要领域为旅游、农业、工业、基础设施及经济制度。"互联互通"作为"一带一路"倡议的核心内容，凸显中国与东盟友好及难以分割的合作关系。完善的基础设施是各类跨国合作顺利完成的保障。中国国家内部的基础建设主要有利于中国经济的整体发展，而中国与东盟基础设施建设之间的互联互通，除了能够促进中国与东盟的经济发展，也有政治方面的影响，一方面会影响中国与东盟在全球价值链上的产业分工；另一方面又会影响东南亚甚至整个东亚地区在全球中的地位。因此，中国与东盟在基础设施建设上的合作对双方未来的发展十分重要。

一 东盟十国基础设施建设现状

1. 电力基础设施方面

东盟各国基础设施建设的发展与工业化水平密不可分。中国与东盟各国在电力基础设施领域的合作越来越密切，合作方式也更加多样化。除了在传统的火电上有合作，近几年更是借助湄公河流域的水力资源，帮助相关国家建立了水力发电站，除能发电外，还能灌溉周边地区，也能有效治理湄公河流域的污染问题。本书选取耗电量（人均千瓦时）、通电率（通电人口占总人口的百分比）、供电设备指数、供电指数世界排名四个指标来衡量东盟十国电力基础设施的发展现状。

大部分东盟国家通过天然气和煤炭发电来满足国内需求。从表6－2可以看出，2015年文莱和新加坡两国发电量的90%以上来自天然气，泰国使用天然气的比重也较高；而柬埔寨、菲律宾、印度尼西亚还是以传统的煤炭发电为主（燃煤炭发电量占比在所有的四种发电方式中最高）。同时，柬埔寨、老挝、缅甸和越南都具有巨大的水力发电潜力。中国如果增加对其水力发电设施建设的投资，一方面可以发掘这4个国家的水力发电潜力，充分利用它们的自然资源优势，为该区域提供廉价的电能；另一方面可以深化与这4个国家在湄公河流域的合作，在当地形成口碑和示范效应，为在该区域的其他投资打下基础。

表 6 - 2　2015 年东盟十国与发电量指标世界均值对比

单位：%

国家	燃煤炭发电量占总发电量比例	天然气发电量占总发电量比例	石油发电量占总发电量比例	水力发电量占总发电量比例
柬埔寨	48.40	0.00	5.19	45.49
泰国	19.45	71.44	0.57	2.67
老挝	—	—	—	—
缅甸	1.78	39.02	0.34	58.85
菲律宾	44.51	22.91	7.14	10.51
越南	29.57	33.21	0.49	36.61
文莱	0.00	98.95	1.00	0.00
新加坡	1.20	95.03	0.70	0.00
马来西亚	42.28	46.60	1.16	9.28
印度尼西亚	55.78	25.17	8.40	5.87
世界	39.17	22.79	3.28	15.90

资料来源：根据世界银行数据库整理所得。

2. 通信基础设施方面

随着"一带一路"倡议的逐步推进，东盟十国的通信基础设施正迅速更新升级，通信业务有着巨大的发展空间。文莱、马来西亚和新加坡 3 个国家的电信业都发展得较好，但是因为经济比较发达，增长幅度不如其他国家。新技术的应用以及中国企业的参与，帮助东盟各国的现有网络进行了迅速的更新升级，通信市场和电信业务都有着十足的发展空间。特别是在通信基础设施并不发达，电信的普及率也比较低的东盟各国，随着通信基础设施的大量投资建设，国家也会快速地发展起来。

通过对比东盟十国 2013 年和 2018 年数据，大部分国家的通信指标均具有较为显著的提升。如表 6 - 3 及表 6 - 4 所示，提升幅度最大的国家分别是柬埔寨、老挝、缅甸，这 3 个国家 2013 年互联网用户率分别为 6.80%、12.50% 和 8.00%。经过 5 年的发展，2018 年柬埔寨、老挝、缅甸互联网用户率分别提升至 40.00%、28.76% 和 36.35%，文莱、新加坡、马来西亚等国的互联网用户率超过世界平均水平。此外，固定电话和移动电话的发展整体方向并不一样，大部分国家的固定电话线路占比有所降低，但是移动电话发展较为迅速。总体来看，东盟落后国家在通信基础设施的建设上，依靠东盟发达国家的区域信息高速公路，成功实现"弯道超车"，取得较为迅速的发展。

表6-3 2013年东盟十国通信指标与中国及世界均值对比

国家	互联网用户率（%）	安全互联网服务器（台/百万人）	固定电话线路（条/百人）	移动电话租用（部/百人）
柬埔寨	6.80	3.99	2.80	134.86
泰国	28.94	38.87	8.87	137.72
老挝	12.50	2.60	10.73	70.52
缅甸	8.00	0.17	1.03	13.18
菲律宾	48.10	12.47	3.18	104.00
越南	38.50	14.17	7.41	136.34
文莱	64.50	150.83	17.63	115.92
新加坡	80.90	2459.47	36.07	154.72
马来西亚	57.06	122.30	15.39	145.93
印度尼西亚	14.94	7.82	12.20	124.39
中国	45.80	5.16	19.18	88.31
世界	36.77	370.94	15.85	92.44

资料来源：根据世界银行数据库整理所得。

表6-4 2018年东盟十国通信指标与中国及世界均值对比

国家	互联网用户率（%）	安全互联网服务器（台/百万人）	固定电话线路（条/百人）	移动电话租用（部/百人）
柬埔寨	40.00	81.11	0.54	119.49
泰国	56.82	953.86	4.22	180.18
老挝	28.76	20.39	20.39	51.86
缅甸	36.35	9.20	0.97	113.84
菲律宾	63.04	92.85	3.87	126.20
越南	70.35	1769.47	4.50	147.20
文莱	99.73	1988.52	19.25	131.93

国家	互联网用户率（%）	安全互联网服务器（台/百万人）	固定电话线路（条/百人）	移动电话租用（部/百人）
新加坡	88.17	84713.86	34.75	148.82
马来西亚	81.20	5317.04	20.41	134.53
印度尼西亚	39.90	1283.00	3.10	119.34
中国	56.43	446.71	13.45	115.53
世界	52.96	6172.81	12.81	106.43

资料来源：根据世界银行数据库整理所得。

3. 交通基础设施方面

如表6-5所示，东盟各国铁路状况不佳，多数铁路基础设施过于陈旧，在实际运行中故障与事故频发。除新加坡铁路密度①较高以外，印度尼西亚、柬埔寨、老挝和菲律宾在铁路方面的基础设施建设严重不足。老挝于2007年第一条铁路通车，且国内铁路总长度仅为4公里；印度尼西亚的铁路设施较陈旧，事故发生频率极高；柬埔寨的铁路数量极为有限，且受战乱影响导致损毁严重；缅甸、马来西亚和越南等国由于殖民期较长，铁路轨道狭窄，无法达到出行要求及安全标准。从港口建设上来看，东盟其他国家在此方面的建设尚不成熟，还有较大的上升空间。目前，新加坡、马来西亚的港口发展较好，泰国、越南、印度尼西亚的港口建设情况尚可，但其码头的开发、运营、维护需要大量资金投入以及国外先进的管理经验，并且其港口周边的相关配套技术设施也要一应俱全，才能发挥港口作为物流中转站的重要优势。

表6-5　2018年东盟十国交通指标与中国及世界均值对比

国家	铁路总长度（公里）	班轮运输相关指数（2004年最大值为100）	航空运输客运量（百万人）
柬埔寨	612.00	8.35	1.41
泰国	5327.00	45.06	76.05
老挝	4.00	—	1.25
缅甸	4463.00	9.97	3.41

---

①　铁路密度的计算公式为铁路长度（公里）/国土面积（平方公里）。

国家	铁路总长度 （公里）	班轮运输相关指数 （2004 年最大值为 100）	航空运输客运量 （百万人）
菲律宾	897.00	28.32	43.08
越南	2382.00	60.38	47.05
文莱	13.00	5.37	1.23
新加坡	199.60	110.83	40.40
马来西亚	2250.00	93.64	60.48
印度尼西亚	4684.00	45.68	115.15
中国	67515.00	151.30	611.44
世界	1055264.00	—	4232.64

资料来源：根据世界银行数据库整理所得。

由此可见，铁路建设是中国与东盟合作的重要区域。在"一带一路"倡议下，中国与东南亚各国的合作可优先发展基础设施建设项目，且重点发展铁路建设项目。从已有的项目进程来看，已启动印尼雅万高铁项目和中泰铁路项目，中老铁路进入实施阶段，马来西亚将新山至金马士的双轨电动火车轨道交由中国承建，2019 年动工的柬埔寨国内首条高速公路——西哈努克至金边的高速公路——的技术和资金均来自中国。

4. 医疗卫生基础设施方面

医疗是国民生存的必备保障，东盟十国的医疗发展情况差异较大。如表 6-6 所示，医疗卫生基础设施发展最好的是新加坡，其次是马来西亚、文莱、泰国等国。在内科医生这项指标上，老挝、印度尼西亚、柬埔寨的每千人内科医生数较少，主要原因还是人均医疗卫生支出较低，基础医疗工作缺乏足够的资金支撑。医疗基础设施过于落后，导致国民健康水平较差，老挝和缅甸在平均每千例新生婴儿中就有超过 30 个婴儿死亡，柬埔寨、菲律宾、印度尼西亚等国家的情况同样不容乐观。

表 6-6 2018 年东盟十国医疗卫生指标与中国及世界均值对比

国家	内科医生 （人/千人）	人均医疗 卫生支出 （现价美元）	新生儿 死亡率 （人/千例）	至少使用基本 饮用水服务的 人口占比（%）	使用安全管理的 饮用水服务的 人口占比（%）
柬埔寨	0.253	77.67	24.0	78.51	25.85

国家	内科医生（人/千人）	人均医疗卫生支出（现价美元）	新生儿死亡率（人/千例）	至少使用基本饮用水服务的人口占比（％）	使用安全管理的饮用水服务的人口占比（％）
泰国	0.810	227.86	7.8	99.93	—
老挝	0.476	55.21	37.6	82.06	16.08
缅甸	0.864	62.77	36.8	81.77	—
菲律宾	1.275	123.59	22.5	93.57	46.65
越南	0.820	118.62	16.5	94.72	—
文莱	1.770	753.88	9.8	99.90	—
新加坡	2.306	2269.53	2.3	100.00	100.00
马来西亚	1.513	387.06	6.7	96.70	93.33
印度尼西亚	0.378	106.95	21.1	89.34	—
中国	1.786	395.59	7.4	92.85	—
世界	1.502	1016.82	28.9	89.60	70.64

资料来源：根据世界银行数据库整理所得，其中人均医疗卫生支出指标取自 2013～2016 年的平均值。

5. 饮用水基础设施方面

饮用经过改善的水源和使用改善的卫生设施，可以有效杜绝传染病，减少疾病的发生次数。在东盟各国家中，只有新加坡做得较好，所有国民都能获得安全管理的基本饮用水服务。在全球化进入更深层次发展的今天，不同地区的人员往来交流密切，一个国家如果没有及时控制好传染病的传播，传染病势必会蔓延到其他国家，因此，从全球视角来看，各个国家都应该加快自身医疗卫生体系的建设，同时在卫生治理方面也加强合作，防止传染病的问题威胁国家之间的顺畅合作。

根据以上分析可知，东盟十国在电力、通信、交通、医疗卫生、饮用水等方面的基础设施建设水平差异较大，东盟十国中文莱、新加坡和马来西亚的基础设施建设水平较为良好，其余各国基础设施建设水平都还有很大的提升空间。大部分东盟国家基础设施建设落后的原因除了与经济发展情况、矿产分布以及人口密度等因素密切相关外，也有部分历史遗留的原因。第二次世界大战时期，东盟十国中大部分被日本侵占过。战后，东南亚各国之间也有纷争，时至今日，东南亚各国之间的边界争端还时有发生。缅甸、柬埔寨、菲律宾由于民族众多、政局混乱、毒品泛滥等原因，国家的主要精力难以放在基础设施建设上。

二 数据来源与指标体系

本节研究的对象为东盟十国，分别是泰国、柬埔寨、缅甸、老挝、新加坡、菲律宾、越南、文莱、印度尼西亚、马来西亚。在本节的实证中对少数缺失的指标做简单的调整。由于个别国家铁路发展情况落后，世界银行没有关于其铁路发展情况"铁路密度"的数据，为了使得这个关键指标具备可比性，从国务院和商务部相关国家大使馆官方新闻发布区获取参考数据。

本节选取衡量各国基础设施建设水平的指标主要遵循以下五个原则：一是系统性，选择的指标体系要能够较为全面地反映东盟各国基础设施建设水平。二是简要性，选择的指标要尽量简明。指标的定义要清晰，便于理解，能够直接客观地反映出东盟各国各类基础设施发展的特性。三是准确性，必须选取可定量分析的指标，通过实际数据衡量基础设施建设水平，使评价结果更为可靠。四是可比性，评价指标的选取尽可能在各个国家之间横向对比，由于地区间的人口及环境分布存在差异，在涉及总量指标时，尽量使用人均或者地均指标。五是同向性，评价指标的评判方法要保持一致，同为越大越好的类型或者同为越小越好的类型，如果个别指标出现相反的情况要及时调整。

第三节 中亚五国基础设施建设

对于中亚五国的基础设施现状，大多数学者讨论其中一个国家的基础设施建设，或者以某一特定的基础设施建设为出发点进行研究。总体上，中亚五国的基础设施比较落后（孙玉琴和姜慧，2015）；能源较丰富，但五国不同程度存在能源利用低效或无效的情况；邮电通信发展水平存在较大差异。在发展遇到的问题方面，学者一般从中国的角度论述投资过程中中亚五国基础设施存在的问题，以及制约中亚五国基础设施发展的因素，如经济形势、国家间矛盾等，此外，关税、区域贸易协定和运输基础设施水平等因素使得贸易效率低下，形成贸易阻力，进而影响中亚五国贸易深度与广度的提升。

中国与中亚五国在基础设施方面的合作方式主要有：交通运输方面以工程承包为主，邮电通信领域大多为直接投资，能源领域主要采用跨国并购。目前，中国与中亚五国在交通运输合作方面取得了新的突破，邮电通信领域合作发展迅速，能源合作方面在各国之间存在一定的差异。

一 中亚五国基础设施建设现状

在交通基础设施领域，中亚五国铁路、水路交通相对落后。首先，在铁路基础设施方面，吉尔吉斯斯坦、塔吉克斯坦与乌兹别克斯坦的铁路基础设施提供不足。其次，在水路基础设施方面，由于中亚五国除了哈萨克斯坦、吉尔吉斯斯坦，都没有港口，因此水运较为落后。最后，在公路基础设施方面，中亚各国的公路基础设施建设发挥了较大的作用，除了乌兹别克斯坦，其他国家的公路运输已成为中亚各国与外界沟通的主要方式，如表6-7所示。

表6-7 中亚五国交通基础设施概况

	哈萨克斯坦	吉尔吉斯斯坦	塔吉克斯坦	土库曼斯坦	乌兹别克斯坦
公路	最主要的运输方式	最主要的运输方式，公路运输占全国货运总量的90%	最主要的运输方式	2/3的公路为近十几年建设，无高速公路	无高速公路，路况较差
铁路	重要运输方式	境内铁路不发达，年久失修，无法承载客运量需求	12%的铁路超过服役期，设施陈旧，缺乏车厢	形成铁路网，没有电气化铁路	铁路总里程不足
水路	不发达，运输主要依靠3个港口	水运以内河航运为主	无海运	无出海口	无海港，内陆河流水量小，无水运

资料来源：对外投资合作国别（地区）指南2016年版。

从铁路总里程及铁路密度来看，中亚五国铁路基础设施水平差异明显。哈萨克斯坦的铁路设施较为发达，铁路总里程在五国中最长，2018年的铁路总里程达16061公里，且电气化程度接近28%。[1] 土库曼斯坦地理与交通条件优越，曾是"丝绸之路"上的重要交通枢纽，铁路密度指标为

---

[1] 资料来源：世界银行数据库。

中亚五国中最高，2018年达到1.57公里/百平方公里。吉尔吉斯斯坦和塔吉克斯坦的铁路设施相对落后且与其他国家差距明显，吉尔吉斯斯坦的铁路总里程和铁路密度为五国最小，分别为424公里和0.22公里/百平方公里。而塔吉克斯坦主要的运输方式是公路运输，铁路设施也较为落后。具体如图6-1所示。

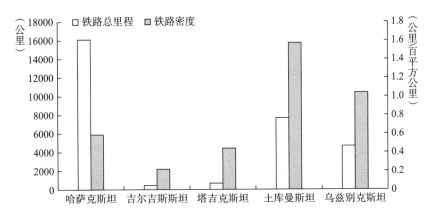

图6-1 2018年中亚五国铁路总里程与铁路密度对比

资料来源：国际货币基金组织：《国际统计年鉴》、国际金融统计数据库。

从铁路货运与客运水平来看，中亚五国铁路运输水平的差异也十分明显。哈萨克斯坦铁路运输能力远高于其他4个中亚国家。乌兹别克斯坦的铁路货运和客运总量排名第2，但是目前面临铁路老化的困境，该国拥有南北2个铁路网和东西3个铁路网，铁路运输是其最重要的货物运输方式。土库曼斯坦的铁路货运和客运总量排名第3，该国铁路发展需求较大，具有巨大的运输潜力，需要通过基础设施投资带动开发。吉尔吉斯斯坦和塔吉克斯坦两国的铁路运行能力相对落后，具体如图6-2所示。

总体而言，中亚五国的交通基础设施水平相对落后且差异明显，随着"一带一路"倡议的推进，中亚五国的铁路基础设施建设需求不断增加，铁路运行水平也将不断上升。中亚五国铁路、水路交通相对落后，公路是大多数国家主要交通运输方式，同时中亚五国对铁路基础设施建设的需求也在增加。在铁路基础设施建设方面，哈萨克斯坦的铁路基础设施发展最好；其次是乌兹别克斯坦，具有巨大的运输潜力，吉尔吉斯斯坦和塔吉克斯坦的铁路基础设施相对落后。

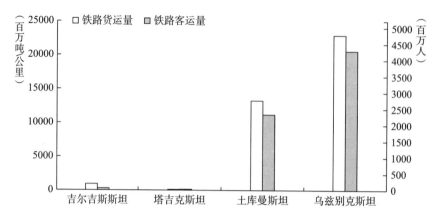

图6-2 2018年中亚四国（不含哈萨克斯坦）铁路货运量与客运量对比

资料来源：国际货币基金组织《国际统计年鉴》。

在电力基础设施领域，5个中亚国家的通电覆盖率达到了100%，但电力设施的能源效率水平因国而异。如图6-3所示，2013年，从人均耗电量来看，哈萨克斯坦人均耗电量达到4892.5千瓦时，远高于其他4个国家。从输配电损耗率来看，吉尔吉斯斯坦的输配电损耗率达到了20.3%，远远高于其他4个国家。

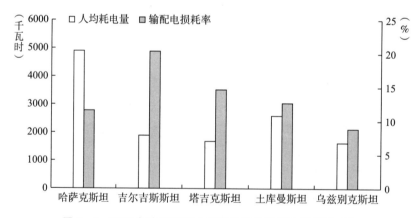

图6-3 2013年中亚五国人均耗电量与输配电损耗率对比

注：世界银行数据库中，中亚五国耗电量等数据只更新到2013年。

从图6-4中亚五国各项能源发电比率来看，2014年各国主要依赖的发电能源不同。塔吉克斯坦和吉尔吉斯斯坦主要依靠水力发电，水力发电比例非常高，皆超过90%。哈萨克斯坦的重要发电能源是传统煤炭，燃煤炭发电比例达到80%。土库曼斯坦和乌兹别克斯坦主要依靠天然气发电，两国已探明的天然气储量和产量都非常高。可知，各国所依赖的发电能源不同且单一的主要发电能源均占到了 75% 以上。

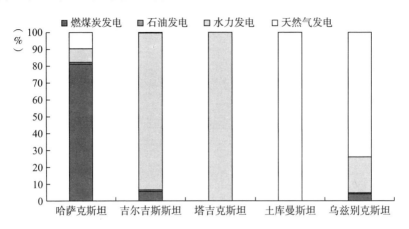

图 6-4 2014 年中亚五国各项能源发电比例

注：世界银行数据库中，中亚五国各项能源发电比例数据只更新到 2014 年。

在航空运输领域，哈萨克斯坦与乌兹别克斯坦的机场建设和航空运输总体水平较高，高于其他 3 个国家。哈萨克斯坦有 24 个机场，其中阿拉木图国际机场客运量占全国航空客运量的一半以上。乌兹别克斯坦有 12 个机场，2018 年的航空货运量达 8900 万吨，位居中亚五国之首。土库曼斯坦有 5 个机场，2018 年航空货运量为 1700 万吨。塔吉克斯坦有 4 个机场，2018 年的航空货运量仅为 200 万吨。吉尔吉斯斯坦只有 2 个机场，2018 年全国航空货运量仅为 100 万吨。

在通信基础设施领域，就有线通信而言，使用固定电话总量与每百人固定电话量指标来衡量电信部门的基础设施发展水平和服务普及率。如图 6-5 所示，2018 年，哈萨克斯坦的固定电话总量和每百人固定电话量的水平远远优于其他 4 个中亚国家，电信建设水平最高，每百人固定电话量超过了 18 部。乌兹别克斯坦与土库曼斯坦的每百人固定电话量位于 11~12 部的区间，处于平均水平。吉尔吉斯斯坦和塔吉克斯坦无论是固定电话总量还是每百人固定电话量都处于较低水平。

在移动通信基础设施领域，中亚五国移动通信基础设施建设总体上的差异不像其他基础设施领域那么大。如图 6-6 所示，2018 年，哈萨克斯坦和土库曼斯坦的移动通信基础设施水平高于其他国家，哈萨克斯坦的移

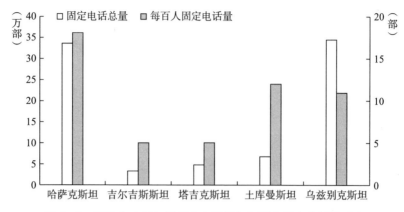

图 6 – 5 2018 年中亚五国固定电话量与每百人固定电话量对比

动无线网络电话订阅总量为五国最多，土库曼斯坦的每百人移动无线网络
电话订阅量为五国最多。乌兹别克斯坦的移动无线网络电话订阅总量最
少，塔吉克斯坦的每百人移动无线网络电话订阅量最少。

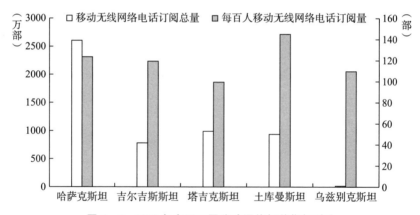

图 6 – 6 2018 年中亚五国移动通信相关指标对比

在互联网基础设施领域，具有高外部性的网络建设，使用固定宽带互
联网用户率和互联网用户率指标衡量中亚五国互联网基础设施建设水平，
如图 6 – 7 所示。2018 年，与移动通信基础设施水平相似，哈萨克斯坦在
互联网基础设施建设上也优于其他 4 个国家，互联网用户率达到 79%，大
部分市民可以享用网络服务，其中 13.21% 的市民享受固定宽带服务。吉
尔吉斯斯坦互联网用户率为 38%，其中固定宽带网络用户率仅为 4.19%。
塔吉克斯坦和土库曼斯坦的互联网基础设施建设水平较为落后，分别只有

22%和21%的互联网用户,其中固定宽带互联网用户率极低。

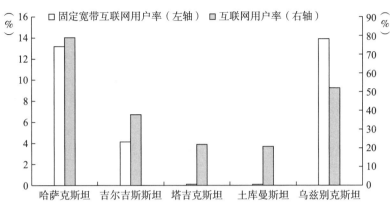

图6-7 2018年中亚五国互联网建设相关指标对比

在能源矿产资源禀赋领域,中亚五国是继目前的阿拉伯地区和西伯利亚之后的世界第三大含油地区。哈萨克斯坦在中亚五国中拥有最高的石油储量和相对较高的天然气储量;土库曼斯坦也拥有丰富的石油储量,同时还是世界最大的天然气生产国;而吉尔吉斯斯坦和塔吉克斯坦两国的石油储量相对较低。2018年哈萨克斯坦石油储量居世界第7位,土库曼斯坦的潜在石油储量为208亿吨,乌兹别克斯坦石油储量53亿吨。

哈萨克斯坦和土库曼斯坦分别是中亚地区最重要的石油储备国和天然气储备国。如表6-8所示,2015年哈萨克斯坦已探明石油储量就达到了300亿桶,石油储产比达到49.3%。在这一发展水平下,该国的石油产量可以维持半个世纪。2015年,土库曼斯坦天然气已探明储量17.5万亿立方米,约为中国记录储量的5倍,占全球总储量的9.4%,储产比为214.4%。

表6-8 2015年中亚主要国家三大能源资源储量情况

国家	石油			天然气			煤炭
	已探明储量(亿桶)	全球储量占比(%)	储产比(%)	已探明储量(万亿立方米)	全球储量占比(%)	储产比(%)	已探明储量(亿吨)
哈萨克斯坦	300	1.8	49.3	0.9	0.5	75.7	1767.0
乌兹别克斯坦	6	<0.05	25.3	1.1	0.6	18.8	18.3
土库曼斯坦	6	<0.05	6.3	17.5	9.4	214.4	—

资料来源:国际能源机构:《非经合组织国家能源统计与平衡》。

中亚五国的矿产资源种类十分丰富。截至 2015 年，哈萨克斯坦共发现约 100 种矿产，其中有 15 种矿产储量居全球前 20 位。其钨的储量全球占比最高，达到一半，铀、铬、铅储量均占全球总量的 1/4。乌兹别克斯坦矿产资源有 118 种，其中 58 种尚未开发，该国为中亚五国中矿产资源最丰富的国家，其黄金、锑、锡、钨、汞等矿产资源储量均居全球较高水平。塔吉克斯坦已探明矿产资源 70 多种。相对于中亚其他国家，土库曼斯坦的主要资源优势来自能源矿产以及天然气资源。

中亚五国原材料产业及其下游产业也存在较大差异，中亚五国各国的自身优势和主导产业与其自有资源尤其是矿产资源有很大的关联。作为中亚五国中工业实力雄厚、油气资源最丰富的大国，哈萨克斯坦的工业基石是油气开采和加工业以及煤炭工业。乌兹别克斯坦的机械制造产业规模占中亚五国总规模的 60% 以上。吉尔吉斯斯坦的主导产业是冶金工业、有色金属加工工业。吉尔吉斯斯坦重工业基础相对较弱，结构上趋于单一。土库曼斯坦是世界上天然气储量最高的国家，石油和天然气工业是其支柱产业。塔吉克斯坦的铝工业、煤炭工业基础雄厚，无烟煤产品质量长期位居世界前列。

二 中亚五国基础设施建设水平

根据上述中亚五国的数据，以及 11 个基础设施建设水平指标，本书采用主成分分析法，通过综合排名得分输出数据反映的综合信息，最后对中亚五国基础设施建设水平的综合情况进行分析。

首先，分析主成分分析法的可行性。将中亚五国的基础设施建设水平数导入 Stata 中，通过观察相关系数矩阵（见表 6-9），发现多个指标之间存在较大的相关性，均有一定的共性情况，可以实现有用的降维。通过检验公因子的方差，每个变量的提取率均在 80% 以上，公因子可以提取出大部分信息，适合主成分分析法。

其次，根据主成分的累计方差结果和中亚五国主成分分析（见图 6-8），提取前 4 个主成分因子。第一，观察特征根情况，前 4 个成分的总方差贡献率为 85.65%，即主成分因子 1 到主成分因子 4 累计代表了指标体系 85.65% 的信息量，且前 4 个主成分因子的特征根均大于 1。第二，前 2 个因子的斜度较陡，主成分因子 3~5 的斜度相对较缓，主成分因子 6 的斜度趋于平缓。综上所述，使用前 4 个主成分来进行得分评价，具有较好的可行性和说服力。

表 6 - 9 基础设施建设水平指标相关系数矩阵

	铁路货运量（百万吨/公里）	铁路客运量（百万人/公里）	航空出港总量（人）	电话线路数（条/百人）	铁路总里程（公里）	互联网用户率（%）	移动蜂窝式无线通信系统的电话租用量（部/百人）	自动提款机数（台/十万人）	安全互联网服务器量（台/百万人）	移动无线网络电话订阅量（台/百人）	港口基础设施质量系数
铁路货运量（百万吨/公里）	1.0000	0.2952	0.6372	0.1447	0.8975	0.2549	0.5994	0.6182	0.4937	0.4096	0.2656
铁路客运量（百万人/公里）	0.2952	1.0000	0.7045	-0.1926	0.6564	-0.1328	-0.0976	-0.0675	-0.0656	-0.0860	0.2789
航空出港总量（人）	0.6372	0.7045	1.0000	0.0219	0.8218	0.2123	0.3549	0.4212	0.3568	0.1005	0.5052
电话线路数（条/百人）	0.1447	-0.1926	0.0219	1.0000	0.0642	0.7252	-0.0452	0.5726	0.4320	0.4628	0.0062
铁路总里程（公里）	0.8975	0.6564	0.8218	0.0642	1.0000	0.1685	0.4538	0.5032	0.4422	0.3225	0.3647
互联网用户率（%）	0.2549	-0.1328	0.2123	0.7252	0.1685	1.0000	-0.0355	0.7636	0.4768	0.3836	0.3584
移动蜂窝式无线通信系统的电话租用量（部/百人）	0.5994	-0.0976	0.3549	-0.0452	0.4538	-0.0355	1.0000	0.3743	0.3276	0.1001	0.4168
自动提款机数（台/十万人）	0.6182	-0.0675	0.4212	0.5726	0.5032	0.7636	0.3743	1.0000	0.7566	0.4824	0.4881
安全互联网服务器量（台/百万人）	0.4937	-0.0656	0.3568	0.4320	0.4422	0.4768	0.3276	0.7566	1.0000	0.2511	0.2467
移动无线网络电话订阅量（台/百人）	0.4096	-0.0860	0.1005	0.4628	0.3225	0.3836	0.1001	0.4824	0.2511	1.0000	-0.0282
港口基础设施质量系数	0.2656	0.2789	0.5052	0.0062	0.3647	0.3584	0.4168	0.4881	0.2467	-0.0282	1.0000

最后，根据主成分分析结果，提取前 4 个主成分因子。选取成分的特征根分别是：4.63955、2.46664、1.22153、1.09420。根据成分矩阵载荷向量和特征根的情况计算出主成分系数，得到主分量解析表达式。根据成分矩阵载荷向量与特征根计算得到成分得分系数矩阵。根据表 6 - 10 中算术平方根、方差贡献率与因子得分情况，进一步计算主成分综合得分。

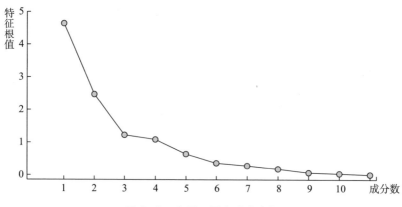

图6-8 中亚五国主成分分析

表6-10 算术平方根、方差贡献率、因子得分情况

λ_1的算术平方根	方差贡献率(%)	主成分1因子得分	λ_2的算术平方根	方差贡献率(%)	主成分2因子得分	λ_3的算术平方根	方差贡献率(%)	主成分3因子得分	λ_4的算术平方根	方差贡献率(%)	主成分4因子得分
		7.0670720			-0.5183854			-1.5674060			-1.6794710
		0.6162357			0.9074845			0.4057325			1.3812180
		1.6371220			1.0630210			-0.5000973			0.2100725
		0.8538303			1.2054870			0.4716431			0.0724475
		1.7490900			0.0435154			-0.3480427			1.7189170
		2.0053790			-4.8406970			2.9074110			0.2947263
		0.3432825			2.7193920			1.3298820			-0.6083193
		-0.1946563			0.7376909			0.0744068			1.5874320
		-0.4385744			1.1450340			0.6080494			-0.0664190
		-1.3452680			0.5252200			0.5705159			-1.0197840
2.15405	42.18	-0.3848684	1.57055	22.42	0.7387795	1.10523	11.10	0.4544442	1.04604	9.95	1.3386700
		1.2458130			1.5608290			0.2450653			0.3470411
		-1.5668190			0.2337460			0.4607266			-2.2886330
		-1.2939740			0.1736108			0.1648240			-0.8111843
		-1.8431400			-0.4704838			-0.1175737			-0.4347222
		-1.8627780			-0.1355552			-0.0278704			-0.5609533
		-1.2297960			-1.6850940			-2.0114320			0.7798000
		-1.1755860			-1.4128970			-1.9550170			0.1626153
		-2.7405190			-1.2260710			-0.5370461			-0.2094584
		-1.4418460			-0.7646261			-0.6282163			-0.2139942

根据以上分析，得到 2017 年 20 个国家基础设施建设水平各指标的评价得分和排名情况，如表 6 - 11 所示，中亚五国基础设施建设综合得分差异较大。哈萨克斯坦整体基础设施建设水平较优，在综合得分中排名第 6，次于俄罗斯、乌克兰、伊朗、土耳其和白俄罗斯 5 个国家。其他 4 个中亚国家排名较为靠后，乌兹别克斯坦排名第 12，吉尔吉斯斯坦排名第 13，土库曼斯坦排名第 14。塔吉克斯坦排名倒数第 2，为中亚五国中基础设施建设综合得分最低的国家，基础设施建设水平较为落后。

表 6 - 11　2017 年 20 个国家基础设施建设综合得分及排名情况

国家	综合得分	排名	国家	综合得分	排名
俄罗斯	6.8555	1	亚美尼亚	0.0846	11
乌克兰	2.1278	2	乌兹别克斯坦	- 1.2534	12
伊朗	2.0407	3	吉尔吉斯斯坦	- 1.3763	13
土耳其	2.0325	4	土库曼斯坦	- 1.7783	14
白俄罗斯	1.5989	5	缅甸	- 1.9600	15
哈萨克斯坦	1.4778	6	孟加拉国	- 2.0884	16
沙特阿拉伯	1.2529	7	伊拉克	- 2.1041	17
印度	0.5894	8	巴基斯坦	- 2.1908	18
格鲁吉亚	0.3004	9	塔吉克斯坦	- 2.2185	19
阿塞拜疆	0.1233	10	阿富汗	- 3.5138	20

第四节　小结

本章主要研究"一带一路"沿线国家对基础设施类国际公共产品的需求，并提出中国可能的供给路径。在内容安排上，首先，分析"一带一路"倡议与基础设施类国际公共产品的交互关系；其次，采用主成分分析法，分别对东盟十国及中亚五国的基础设施建设水平进行评价，并据此分析出中国的可能合作国别与合作领域。

东盟十国的基础设施建设水平差异较大，排名第 1 的是新加坡，远高于排名第 2 的马来西亚和排名第 3 的文莱；老挝、缅甸分别排名倒数第 1、倒数第 2。中亚五国国家间基础设施建设水平的不平衡现象较明显，哈萨克斯坦发展较好，乌兹别克斯坦、吉尔吉斯斯坦与土库曼斯坦排名较后，塔吉克斯坦的基础设施建设水平排名最后，基础设施水平较差，还有较大的提升空间。中国与"一带一路"沿线国家保持长期较为密切的经济合作关系，在可能的合作领域，通过有效的合作可以提高双方经济结构互补性与利益诉求的契合度，最终走向互利共赢。

第七章 "一带一路"科技类国际公共产品的实证分析

在技术水平领先的国家，科技进步是实现经济增长的关键因素；而技术水平落后的国家，可以通过"借用"技术来实现经济增长。技术作为内生要素被引入经济增长的分析框架（Paul Romer，1986），并且学者普遍认同技术差距是国家之间产生贫富差距的主要根源。自工业革命以来，科学技术一直是国家竞争的主要载体。本章将从研发合作与技术转移两个方面来探讨"一带一路"科技类国际公共产品的供给。为贯彻落实《推进"一带一路"建设科技创新合作专项规划》及"一带一路"科技创新行动计划，科技部推出相关政策措施和合作项目，促进"一带一路"沿线国家间的科技合作与技术转移。随着"一带一路"倡议的深入推进，"一带一路"沿线国家科技创新合作的布局趋于体系化。一是为加强大型先进科学设施和装置的共建共享，中国积极牵头组织和承担国际大科学计划和大科学工程；二是为贡献更多创新理念，中国积极参与国际社会关于知识产权、数据隐私、科研伦理、科研诚信等问题的探讨和规则制定，与"一带一路"沿线国家分享在科技创新方面的经验；三是为贡献更多创新解决方案，中国加强与各国在新技术、新标准、新产品方面的合作，与各国联手共同提升科技创新能力，共享新科技和产业革命带来的机遇，共同应对经济社会发展面临的挑战。

中国依靠科技创新取得的经济社会发展成就世界瞩目，"一带一路"沿线国家与中国进行科技合作的意愿强烈，且各国利益契合度高，国际科技合作的增长潜力巨大。2019 年，中国已与包括"一带一路"沿线国家在内的 160 个国家建立科技合作关系。可见，中国正积极加强国际科技创新合作，广泛开展国际科合作项目，发挥各国的比较优势，共同破解科技难题，以增强经济发展新动力。

如图 7 - 1 所示，"一带一路"沿线国家科技合作的主要形式分为研发合作和技术转移两种。近年来，"一带一路"沿线国家通过创建科技园区、共建技术转移平台等方式增加知识和技术存量，并通过科技合作有效提升研发创新能力。根据内生经济增长理论，研发合作类和技术转移类科技合作分别通过提高研发能力和增加知识存量增强沿线国家的科技创新能力，从而促进其经济增长，尽管两者产生经济增长效应的路径不同，但两者相互影响、相互促进，共同提升国际科技合作的经济增长效应。

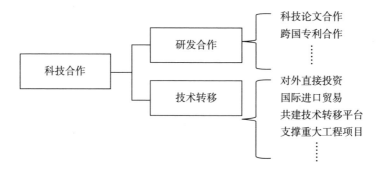

图 7 - 1 "一带一路"沿线国家科技合作的主要形式

第一节 "一带一路"沿线国家的研发合作

"一带一路"倡议顺应全球创新治理体系变革的内在需求，而科技合作是"一带一路"沿线各国谋求经济增长、实现长期可持续发展的必然选择。研发合作是科技合作的主要形式之一，是帮助各国找到资源共性、解决科技难题、突破技术瓶颈、补齐技术短板的重要途径，对提高技术水平、促进经济发展有重要作用。随着科技全球化推进，加强科技创新合作是"一带一路"倡议推进的关键点和突破口。

中国已成为世界科技创新的重要贡献者，为世界贡献了很多科技类国际公共产品。世界知识产权组织（WIPO）统计数据显示，中国通过《专利合作条约》（PCT）国际专利申请量从 2012 年的 1.8 万多件增加到 2017 年的 5.3 万多件，增长近 2 倍。2017 年和 2018 年，中国 PCT 国际专利申请量均位居世界第 2。2018 年，8 家中国企业进入 PCT 国际专利申请榜单前 50。

关于中国与"一带一路"沿线国家研发合作的文献主要包含三个方面。一是以论文合作为研究对象分析国际研发合作的现状，如王友发等（2016）基于 1978～2015 年的国际合作论文数据，研究中国与"一带一路"沿线国家研发合作的总体发展态势、学科领域分布、主导地位变迁等。二是研究各国在国际研发合作网络中的角色和地位，如陈欣（2019）构建了 5 个技术领域的研发合作网络，从网络可视图、网络整体结构和网络中心性三个方面展现"一带一路"沿线国家在研发合作网络中的角色和地位。三是分析"一带一路"沿线国家进行国际研发合作的影响因素，如张明倩、柯莉（2018）认为影响国际研发合作的主要因素是社会接近性、地理距离、技术接近性、网络接近性等。

（一）模型构建

本书根据东道国对跨国研发合作影响因素的假设，在考虑数据连续性与完整性的前提下，选取"一带一路"沿线 42 个国家[①] 2014～2017 年的面板数据进行实证分析，模型构建如式 7－1 所示：

$$patent_{it} = \beta_0 + \beta_1 rd_{it} + \beta_2 \ln gdp_{it} + \beta_3 \ln envir_{it} + \beta_4 \ln dis_{it} + \beta_5 cul_{it} + u_{it} \quad (7-1)$$

（二）变量测度与数据来源

式 7－1 中的 i 和 t 分别表示国家和年度。$patent_{it}$ 是 t 时期中国与东道国 i 的跨国合作专利申请量，衡量合作紧密程度。考虑到跨国专利合作网络的密度较小，中国与大部分国家的跨国专利合作的流量存在大量零值，会使回归结果产生较大的偏差，而存量的稳定性更好，因此，使用 t 时期末的存量表示，数据来源于 IncoPat 全球科技分析运营平台。rd_{it} 代表东道国的研发投入占 GDP 比重，衡量东道国研发投入水平，数据来源于世界银行统计数据库。gdp_{it} 代表东道国的国内生产总值，衡量东道国市场规模，数据来源于 Wind 数据库。$envir_{it}$ 代表东道国的营商环境指数，衡量东道国的营商环境，当营商环境指数为 1 时最利于营商，数值越小说明该国的营商环境越好，数据来源于 Wind 数据库。dis_{it} 表示东道国首都与中国北京的直线距离（公里），数据来源于谷歌测量工具及世界距离计算网站。cul_{it} 为虚拟变量，衡量中国与东道国的社会接近性，属于汉

---

① 根据数据的可获得性，只选取了其中 42 个国家。

文化圈的国家设为 1，反之则为 0。样本国家中属于汉文化圈的国家有新加坡、马来西亚、印度尼西亚、泰国、越南五国。u_{it} 为随机误差项。

（三）实证结果

对中国与"一带一路"沿线 42 个国家 2014～2017 年的面板数据进行回归分析，并对数据进行异方差修正，实证结果基本与张明倩、柯莉（2018）的结论保持一致。基准回归结果如表 7-1 所示，根据 OLS 回归结果可知，研发投入占 GDP 的比重每增加 1%，跨国合作专利申请量将增加 0.5487 件；GDP 每增加 1%，跨国合作专利申请量将增加 0.3727 件；营商环境指数每增加 1%，跨国合作专利申请量将减少 0.9660 件；地理距离每增加 1%，跨国合作专利申请量将减少 1.1056 件；文化差异对跨国合作专利申请量的影响不显著。

表 7-1　基准回归结果

	模型（1）	模型（2）	模型（3）
	OLS	FE	RE
rd	54.868*** (7.552)	54.871*** (14.288)	54.868*** (5.670)
gdp	37.267*** (8.858)	37.327*** (7.109)	37.267*** (0.723)
envir	−96.603*** (26.515)	−96.542*** (13.778)	−96.603*** (3.446)
dis	−110.556*** (26.405)	−110.538*** (27.621)	−110.556*** (3.692)
cul	12.838 (41.361)	12.791 (35.449)	12.838 (8.529)
Constant	1081.049*** (266.338)	1080.252*** (251.045)	1081.049*** (36.679)
N	168	168	168
R^2	0.521	0.521	0.521
Number of year		4	4
year_FE	NO	YES	NO

注：*** $p < 0.01$，** $p < 0.05$，* $p < 0.1$。

研发投入占 GDP 的比重对跨国合作专利产出有显著正向影响，与预期结果一致。研发投入作为一国最主要的科技创新资金来源渠道，是一个国家科技创新的最主要源泉，研发投入越高的国家往往具备越强的科技创新实力。因此，在跨国知识交流、研发合作活动中，其自身科技创新实力越强，越为其他国家所青睐，其专利研发能力就越强。

市场规模（用 GDP 衡量）对跨国合作专利产出有显著正向影响，与预期结果一致。一国市场规模会影响该国的市场结构、创新基础设施以及创新环境，从而影响科技创新的动力和效率。市场规模越大的国家，人力资本投入、研发投入以及基础设施投入越多，进而就具备越强的科技创新能力，因此，在跨国研发合作的活动中专利研发数量更多，更为其他国家所青睐。

营商环境指数对跨国合作专利产出有负向影响，与预期结果一致。营商环境较好的国家，其市场运行效率更高，政府干预较少，注重产权保护，企业间呈现良性竞争的态势，更有利于企业开展技术研发和合作等活动，更有利于企业的运行和发展。反之，营商环境不佳的国家，政府干预过多，资源配置更多依靠政府而不是市场，市场运行效率低，运行成本高，产权保护力度弱，竞争主体更容易相互模仿和抄袭，其市场环境不利于技术研发活动的开展和专利的产出。因此，营商环境更好的国家，在跨国研发合作活动中更为其他国家所青睐。

地理距离对跨国合作专利产出有负向影响，与预期结果相一致。在跨国研发合作过程中，攻克技术难题时常需要沟通交流，面对面的线下沟通交流比线上交流的手段更有效率。地理距离影响合作者沟通交流的成本，当合作者之间的地理距离较远的时候，面对面沟通交流的时间与交通成本高，而使用线上交流的效率较低，因此，地理距离较远的国家间研发合作活动相对较少，专利产出数量少。

社会接近性对跨国合作专利产出影响不显著，这与预期结果并不一致。社会接近性对跨国合作专利影响不显著的原因可能是当前跨国知识、技术交流以空间分散为特征，各国通过国际知识、技术交流获取创新资源的关键是科技创新能力而不是文化的相似性。

自"一带一路"倡议提出以来，中国与"一带一路"沿线国家的研发合作受到学界广泛关注。本节从专利产出的视角出发，研究影响中国与"一带一路"沿线国家开展研发合作的因素。实证结果表明，研发投入、市场规模以及营商环境对专利产出具有显著的正向影响，其中以研发投入最为显著；而地理距离对专利产出具有负向影响；社会接近性对跨国合作专利产出的影响不显著。在"一带一路"沿线国家研发合作网络中，各国会倾向于与研发投入高、市场规模大、营商环境好、地理距离近的国家展开合作。因此，一方面，各东道国应加大研发投入，注重技术的更新与创新；大力发展经济，扩大经济规模和市场规模，加强创新基础设施建设；改善创新环境，为科技创新提供动力并提高效率；改善营商环境，营造良好的市场竞争氛围，加大知识产权的保护力度，激励企业进行科技创新。另一方面，地理距离虽然对跨国研发合作有重要影响，但是随着沿线国家基础设施建设的发展，交通运输基础设施更加完善和便利，地理距离对国际研发合作的影响逐渐下降。因此，交通运输基础设施较弱的国家应当继续完善基础设施，为跨国研发合作提供便利，以获取更多的研发合作机会。这也从另一角度验证了增加"一带一路"基础设施类国际公共产品供给的重要性。

第二节 "一带一路"沿线国家的技术转移

国际技术转移作为转变经济发展方式和调整产业结构的重要途径，对促进技术进步、提高全要素生产率有重要作用。在经济全球化不断推进的背景下，国内外学者对技术转移机制进行了系统研究，形成了技术转移选择论、技术转移差距论等一系列理论。技术转移的概念最早由布鲁克斯提出，其将技术转移界定为科学和技术通过人类活动被传播的过程。赵德森等（2015）认为，技术势差是企业进行跨国技术转移的根本原因，市场需求、技术竞争和获取技术垄断利润驱使企业进行技术转移。随着"一带一路"倡议的深入推进，更多学者致力于中国对"一带一路"沿线国家技术转移的研究，国内外学者对于不同技术转移方式对东道国的影响并无统一结论。唐末兵等（2014）发现，外资技术溢出有利于提升经济增长集约化水平；也有学者对此提出质疑，王贞力和林建宇（2018）认为，表面上外商直接投资的增加带动了 GDP 的增长，但实际上并没有提高东盟全要素生产率、促进技术进步；刘美玲和黄文军（2015）通过实证分析发现进口贸易对中国全要素生产率以及技术效率具有显著的正向影响；陈昭和欧阳秋珍（2009）研究发现，进口贸易的技术溢出存在门槛效应，并且东道国的吸收能力会影响技术溢出的效果。

本书以全要素生产率为视角，将对外直接投资（Outward Foreign Direct Investment，OFDI）、国际进口贸易纳入同一框架，分析这两种技术转移方式对"一带一路"沿线国家全要素生产率的影响，并进一步结合国家异质性扩展分析造成影响差异的原因。

1. 模型构建

本书根据中国对"一带一路"沿线国家的技术转移对东道国全要素生产率的作用机制，以及可获得数据的完整性和连续性，选取沿线 38 个国家[①] 2005～2017 年的数据进行实证分析，模型构建如式 7 - 2 所示：

$$\ln tfp_{it} = \beta_0 + \beta_1 \ln ofdi_{it} + \beta_2 \ln imp_{it} + X_{it} + u_i + \varepsilon_{it} \tag{7-2}$$

其中，式 7 - 2 中的 i 和 t 分别表示国家和年度；$ofdi_{it}$、imp_{it} 分别为 i 国从中国接受技术转移的两种方式：外商直接投资、商品进口；X_{it} 为除技术转移以外的其他影响 i 国全要素生产率的控制变量，采用资本强度（cap）、人力资本（hc）、研发投入（rd）以控制其他因素对全要素生产率的影响；u_i 和 ε_{it} 为随机误差项。

2. 变量测度与数据来源

tfp_{it} 是 i 国 t 时期的全要素生产率，表示当期的技术水平，数据来源于宾夕法尼亚大学世界表（PWT 9.1）。$ofdi_{it}$ 是 t 时期中国对 i 国的直接投资额，中国对外直接投资包括流量数据和存量数据，但由于中国的反向投资行为，流量数据中包含大量负数，无法进行对数化处理，因此，本书选取存量数据进行研究，数据来源于世界银行数据库。imp_{it} 为 t 时期 i 国从中国进口的商品总额，数据来源于 WTO 数据库。cap_{it} 是 i 国 t 时期的资本强度，用人均资本存量衡量，数据来源于宾夕法尼亚大学世界表和世界人口网。hc_{it} 是 i 国 t 时期的人力资本，用受教育年限和回报率测算出的人力资本指数表示，来源于宾夕法尼亚大学世界表。rd_{it} 为 i 国 t 时期的研发投入，用 i 国的研发支出占 GDP 的比重衡量，数据来源于世界银行 WDI 数据库。

① 根据数据的可获得性，只选取了其中的 38 个国家。

3. 估计结果

对中国与"一带一路"沿线国家 2005～2017 年的面板数据分别进行混合回归、个体固定效应和时间固定效应的回归分析,结果如表 7-2 所示。模型(1)和模型(2)分别考察中国对"一带一路"沿线国家的两种国际技术转移方式对东道国全要素生产率的作用机制,结果显示,OFDI 对东道国全要素生产率的影响显著为负,中国对东道国的直接投资每增加 1%,将使东道国的全要素生产率下降 0.018%。而"一带一路"沿线国家从中国的商品进口对其全要素生产率有正向影响,但结果并不显著。

表 7-2 基准回归结果

	模型(1)	模型(2)	模型(3)	模型(4)	模型(5)
	lntfp	lntfp	lntfp	lntfp	lntfp
ln$ofdi$	-0.018 ***		-0.044 ***	-0.006	-0.028 **
	(-3.87)		(-5.69)	(-0.48)	(-2.48)
cap	0.001 ***	0.001 ***	0.001 ***	-0.003 ***	-0.003 ***
	(6.99)	(6.42)	(7.23)	(-5.34)	(-6.32)
hc	-0.079 ***	-0.066 ***	-0.068 ***	0.118	0.043
	(-5.12)	(-4.38)	(-4.69)	(1.43)	(0.54)
rd	0.039 ***	0.035 ***	0.023 ***	-0.036	-0.046 *
	(5.63)	(5.27)	(3.41)	(-1.54)	(-1.98)
lnimp		0.004	0.062 ***	0.134 ***	0.075 *
		(0.52)	(4.43)	(5.79)	(1.97)
_cons	0.007	-0.121 *	-0.248 ***	-0.994 ***	-0.295
	(0.13)	(-1.79)	(-3.90)	(-4.87)	(-0.88)
Country_FE	NO	NO	NO	YES	YES
Year_FE	NO	NO	NO	NO	YES
Cluster	YES	YES	YES	YES	YES
N	494	494	494	494	494
R^2	0.161	0.139	0.197	0.370	0.438

注: $* p < 0.1$, $** p < 0.05$, $*** p < 0.01$。

模型(3)将 OFDI 和商品进口这两种技术转移方式同时纳入模型,OFDI 对东道国全要素生产率的负向影响作用变大,中国对东道国的直接投资每增加 1%,将使东道国的全要素生产率下降 0.044%。这表明中国对东道国的直接投资对东道国的企业存在挤出效应，使东道国企业面临更大的市场竞争，且无法有效吸收、内化从中国接受的技术转移，从而对东道国的全要素生产率水平有抑制作用。而商品进口对东道国全要素生产率的影响显著为正，说明在现阶段，"一带一路"沿线国家通过从中国进口商品可以学习和模仿中国的生产技术，且进口给东道国带来的竞争是正向的，激发东道国企业创新的积极性，从而提高东道国的全要素生产率。

模型（4）考虑不同国家的个体固定效应。OFDI 对东道国全要素生产率的负向影响作用不显著，而商品进口对东道国全要素生产率的正向影响显著增强。

模型（5）同时考虑个体固定效应和时间固定效应。此时 OFDI 对东道国全要素生产率的影响显著为负，但负向影响作用相较于不考虑个体固定效应和时间固定效应时有所下降。中国对东道国的对外直接投资每增加1%，将使东道国的全要素生产率下降0.028%。商品进口对东道国全要素生产率的影响显著为正，东道国从中国的商品进口每增加1%，其全要素生产率将增加0.075%。综合考虑两种国际技术转移方式，说明中国企业为在国际市场上保持竞争优势，不会轻易转出先进技术，因此现阶段中国的对外直接投资对"一带一路"沿线国家的技术溢出效应有限。

总体而言，中国对"一带一路"沿线国家的技术转移对东道国的全要素生产率具有正向的促进作用，说明在示范效应和竞争效应的作用下，中国对"一带一路"沿线各国的技术转移能够促使其积累生产经验、提升技术效率。

与中国技术势差较小的国家，可以通过学习和模仿进口商品的生产技术，获得技术溢出，促进技术进步。此外，根据价值链分工，技术势差过于接近的国家，其技术水平相近，因此可以吸收内化的生产技术比较少。而与中国的技术势差在 1.6078 2.0516 的国家除学习和模仿能力比较强外，可以从进口商品中吸收内化的技术范围也较大，因此可以获得的正向技术溢出效应更高，这些国家从中国进口商品可以显著提高本国的全要素生产率水平。

中国对"一带一路"沿线国家的技术转移总体上能够提高其全要素生产率。中国对"一带一路"沿线国家的 OFDI 对其全要素生产率具有抑制作用，而沿线国家对中国的商品进口能显著提高其全要素生产率水平。考虑国家间的异质性，中国的技术转移对"一带一路"沿线国家全要素生产率的影响存在经济基础和技术势差的门槛效应。中国的 OFDI 对经济基础薄弱国家的全要素生产率的副作用显著小于经济基础较好的国家。中国的 OFDI 对与中国技术势差比较小的国家的全要素生产率的负向影响小于技术势差大的国家。经济基础对商品进口无门槛效应，技术势差对商品进口以及东道国全要素生产率的影响存在显著的"双门槛"。当技术势差较小时，从中国进口商品可以促使东道国全要素生产率显著提升；而当技术势差扩大到一定程度，进口商品所带来的技术无法被东道国内化吸收，反而会造成本国的市场竞争加剧，本国企业遭到挤压，全要素生产率不升反降。

综上所述，中国对"一带一路"沿线国家进行技术转移的过程中应当注意以下两点。第一，国际技术转移必须结合国家异质性，有针对性地结合"一带一路"沿线国家的经济基础和其与中国的技术势差来选择合适的技术转移方式，达到双方互惠互利的目的。第二，加强互联互通建设，完善沿线各国的基础设施，提升贸易便利化水平。在"一带一路"倡议不断深入推进的背景下，必须加强国际合作和经贸往来，推动国际技术转移以深化"一带一路"沿线国家科技合作、经济合作，从而促进各国提高全要素生产率，推动产业结构调整和经济发展方式转变。

第三节 小结

本章主要研究"一带一路"科技类国际公共产品。首先，对科技类国际公共产品的供给进行具体分析，主要包括"一带一路"倡议与科技类国际公共产品、"一带一路"沿线国家的科技合作基础、"一带一路"沿线国家的研发合作和技术转移现状三个方面。其次，基于专利合作的视角，分别从研发投入、市场规模、地理距离、社会邻近性、营商环境等维度入手，实证分析东道国特征如何影响"一带一路"沿线国家的研发合作。再次，进一步从技术转移角度分析科技类国际公共产品，总结国际技术转移的主要方式——对外直接投资、商品进口，并将这两种最主要的技术转移方式纳入分析框架，实证分析中国对"一带一路"沿线国家的技术转移对东道国全要素生产率的影响。

中国与"一带一路"沿线绝大多数国家建立了研发合作关系，但合作紧密度不尽相同。中国与沿线国家的技术转移表现出"近邻性",技术转移强度排名前 20 位的国家中,东南亚国家的数量最多。研发投入、市场规模以及营商环境对专利产出具有显著的正向影响,其中以研发投入最为显著;而地理距离对专利产出具有负向影响;社会接近性对跨国合作专利产出的影响不显著。在"一带一路"沿线国家研发合作网络中,中国倾向于与研发投入大、市场规模大、营商环境好、地理距离近的国家展开合作。中国对沿线各国的技术转移总体上能够提高东道国的全要素生产率,必须考虑国家间的异质性,选择合适的技术转移方式。通过加大研发投入、扩大市场规模、完善基础设施建设、改善营商环境等方式,能增加"一带一路"科技类国际公共产品的供给。

第八章 "一带一路"制度类国际公共产品的实证分析

道格拉斯·诺斯认为，制度是涉及一国政治、法律、经济以及社会等诸多方面的"博弈规则"，主要包括政治和司法规则、经济规则和契约等正式制度以及行事准则、行为规范、惯例等非正式制度。制度类国际公共产品是指维持和发展国家之间的经济贸易以及进一步深化劳动分工等的一系列国际规则。从理论上说，国际规则在消费和生产方面具有非竞争性和非排他性的国际公共产品的特征（裴长洪，2014）。"一带一路"沿线各国内部以及外部的制度环境存在明显差异，但目前国际规则大多具有非中性的特征，所以建立一套契合"一带一路"沿线各国的国际合作机制十分必要。

第一节 "一带一路"倡议与制度类国际公共产品

随着"一带一路"倡议不断深入推进，形成一系列制度类国际公共产品。制度类国际公共产品涉及投资、贸易和金融等方面。在"一带一路"视角下的众多制度类国际公共产品中，具有顶层设计特点的主要有东盟提出的互联互通总体规划、柬埔寨的"四角战略"以及老挝的"变陆锁国为陆联国"等。在投资方面，建立了"一带一路"国别投资税收指南、融资指导原则和投资争端解决机制；在贸易方面，开办了中国国际进口博览会，构建了"一带一路"自由贸易网络；在金融方面，成立了亚洲基础设施投资银行和丝路基金等。

对外直接投资（OFDI）是制度类国际公共产品发挥作用的一个重要载

体与量化的硬指标（裴长洪，2014）。本章基于中国对"一带一路"沿线国家直接投资的资本输出贡献与在全球范围内的空间布局，将 OFDI 视为中国对沿线国家供给制度类国际公共产品的载体，实证分析东道国制度质量对中国 OFDI 的影响，以及东道国与中国的制度距离对中国 OFDI 的影响。

制度距离是中国和东道国之间在制度环境上的差异。这种制度距离对 OFDI 的抑制作用具体表现在增加成本方面。一方面，投资者需支付收集当地市场主体行为信息、进行有效沟通与项目洽谈以及确保合约履行等而产生的额外的投资成本，这在一定程度上降低了投资者的预期收益率。另一方面，跨国公司在东道国开展经营行为应遵守当地规则，中国与东道国之间的制度距离加剧了跨国公司面对的合法性的困难。

一 "一带一路"制度类国际公共产品的供给

对外直接投资是指一国投资者以取得其在境外企业经营管理上的有效控制权为前提条件，在国外投资资本、设备、生产和管理技术、企业家才能等非有形资产的经济行为。"一带一路"倡议辐射的国家和地区广泛，涉及上海合作组织、东南亚国家联盟、欧亚经济联盟等多个中国积极参与的区域性经济组织，为中国对外直接投资创造机遇。

"一带一路"沿线国家已成为中国企业的主要投资方向，中国凭借 OFDI 步入参与全球经济治理的新阶段。"一带一路"沿线国家拥有巨大的投资空间及潜力，将成为中国 OFDI 的长期重要区位。《中国对外直接投资统计公报》数据显示，2013 年以来，中国的 OFDI 规模稳居世界前列。如图 8-1 所示，中国对"一带一路"沿线国家的直接投资流量整体稳步上升，由 2013 年末的 126.30 亿美元上升至 2019 年末的 186.90 亿美元。

近年来，中国持续扩大对"一带一路"沿线国家的直接投资。从投资规模来看，2007 年，中国对沿线各国的投资净额为 32.46 亿美元，2017 年投资达到峰值 201.75 亿美元。2016 年，国际经济增速下降，中国对"一带一路"沿线国家的直接投资净额出现一定程度的回落，但相比 2015 年同期数据，中国对"一带一路"沿线国家的直接投资存量达 1294.14 亿美元。从图 8-2 中可以看出，中国对外直接投资存量从 2007

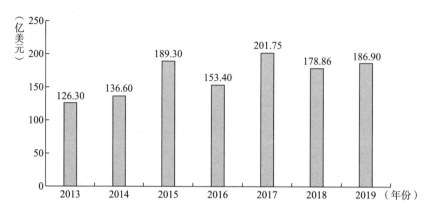

图 8 - 1 中国对"一带一路"沿线国家的直接投资净额

资料来源:根据 2014~2020 年《中国对外直接投资统计公报》整理所得。

年的 1179.11 亿美元增至 2018 年的 19822.66 亿美元。中国对"一带一路"沿线国家的投资存量则从 2007 年的 96.07 亿美元增至 2018 年的 1729.69亿美元。在占比方面,中国对"一带一路"沿线国家的直接投资占比从 2007 年的 8.15% 上升到 2013 年的峰值 10.90%,其后又下降到 2018 年的 8.73%。

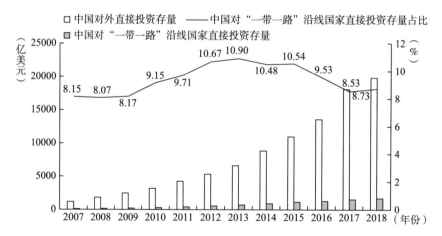

**图 8 - 2 2007~2018 年中国总体对外直接投资存量与对"一带一路"
沿线国家直接投资存量及其占比**

资料来源:根据 2014~2020 年《中国对外直接投资统计公报》整理所得。

中国对"一带一路"沿线国家的直接投资存量持续增加,直接投资存量所占比重保持在 10% 左右。2017 年,中国对"一带一路"沿线国家直接投资约 202 亿美元，超过中国对外直接投资总量的 14%。可以看出，中国对沿线各国的直接投资增长较快，相比之下，沿线国家所能吸收 OFDI 总量相对有限，投资规模较小，中国对"一带一路"沿线国家的投资影响力仍然有待加大。

二　中国在"一带一路"沿线国家直接投资结构分析

（一）中国在"一带一路"沿线国家直接投资的区域分布

当前，"一带一路"倡议进入全面实施阶段，中国与沿线国家投资合作水平不断提升。对外直接投资是中国与"一带一路"沿线各国进行经济合作的关键领域。对外直接投资一方面为东道国增加资本供给和刺激劳动力及消费需求；另一方面，在推动东道国工业化及城镇化进程、推动科技进步及产业结构升级的同时，倒逼东道国内部经济和社会制度改革，从而有效推动经济增长。根据沿线国家的地理位置，本书将沿线 65 个国家划分为中亚及蒙俄、东南亚、南亚、西亚北非以及中东欧五大区域，并将其作为中国对"一带一路"沿线国家的直接投资区域。

如图 8 - 3 所示，自"一带一路"倡议实施以来，中国企业对沿线国家的对外投资规模持续扩大，对外投资的集中程度有所下降，2018 年东南亚、中亚及蒙俄、西亚北非、南亚以及中东欧投资比重分别为 59.63%、18.67%、13.84%、6.19% 和 1.66%。从投资区域来看，东南亚、中亚及蒙俄地区是中国企业在"一带一路"沿线国家直接投资的主要区域，领先南亚、西亚北非及中东欧三大区域。中国对东南亚国家的投资始终处于较高水平（马述忠和刘梦恒，2016），主要原因有两点：一方面，中国与东南亚国家制度环境更为相似，基于华裔情结所形成的文化理念较为接近；另一方面，东南亚国家具有符合中国现阶段国内产业结构升级需求的比较优势。相比之下，中国对南亚及中东欧的投资则始终保持在较低水平。中东欧国家与中国的地理距离较远，文化理念与制度环境差异较大，中国企业对其不具备较强的竞争优势，且跨国投资行为面临的不确定因素更多，进而抑制了中国企业对中东欧国家的直接投资。

除上述提及的地理距离、制度环境以及文化理念外，资源获取的不确定性也是中国对中亚及蒙俄地区的投资高于西亚北非地区的重要因素。中亚拥有油气资源的比较优势，与中国地理距离较近，中国与中亚及蒙俄地区的外交关系稳定，增加了该地区对中国企业的直接投资的吸引力，贸易投资合作频繁；西亚北非地区尽管资源也较为丰富，但政治局势的不稳定给中国企业投资带来诸多风险。

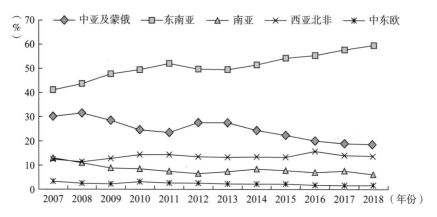

**图 8 - 3 2007～2018 年中国在"一带一路"沿线国家
直接投资区域分布**

资料来源：根据 Wind（万得）金融数据库整理而得。

（二）中国对"一带一路"沿线国家直接投资的行业

近年来，在推进投资便利化的进程中，中国企业不断拓展对外直接投资领域，基础设施建设和产业投资成为鼓励本国企业参与"一带一路"倡议合作的重点领域。总体上看，中国对沿线国家直接投资的行业主要集中在能源、有色金属、交通运输等传统行业。从"一带一路"沿线国家自然资源特征来看，西亚的石油资源、俄罗斯的铁矿石及煤矿资源、印度的钻石资源和乌兹别克斯坦的黄金储备均位居世界前列，能源、有色金属、矿产资源成为中国在沿线国家直接投资最大的领域。制造业、采矿业及农林牧渔业等传统行业也是中国对外直接投资的重点领域。由于中国对沿线国家的基础设施援建项目较多，固定资产投资和交通运输行业投资分别位列第3、第4，而高科技、化学等行业的投资规模相对较小。与此同时，对沿线国家的直接投资也开始转向服务业、高技术产业及物流等领域。

从具体区域上来看，西亚北非地区油气资源丰富，中国企业对西亚地区的直接投资主要集中在阿联酋、以色列、伊朗及沙特阿拉伯4个国家，投资领域集中能源化工及基础设施建设。2018年商务部数据显示，中国企业在上述四国的直接投资存量占比分别为26.9%、13.5%、19.3%、10.8%。

中亚地区气候适宜发展畜牧业及农业种植业，且石油资源丰富，中国企业对中亚地区的直接投资主要集中于农牧业及石油开采加工业。其中，对哈萨克斯坦直接投资占中国对中亚地区直接投资的50%以上。

中国对中东欧地区的投资领域主要集中在工业及基础设施建设方面，中国对其直接投资规模逐渐扩大。中东欧地区工业发达，居民生活水平较高，对生活方面的基础设施类国际公共产品需求较大。

蒙古国以畜牧业和采矿业为主要经济支柱产业，近年来处于城市建设的高速发展阶段，中国对蒙古国的直接投资行业主要是采矿业、畜牧业及建筑业。

中国对南亚地区的直接投资主要集中在人口众多、市场庞大且棉花种植业发达的印度和巴基斯坦两国，对印度及巴基斯坦的直接投资主要集中在基础设施建设和纺织业领域。

东南亚拥有丰富的自然资源、规模较大的劳动力市场，是中国在"一带一路"沿线国家投资的主要区域。如表8－1所示，中国企业对东南亚国家的投资行业主要集中在制造业，租赁和商务服务业，零售及批发业，电力、热力、燃气供应行业，中国对东南亚国家这四个行业在2018年的直接投资存量占比分别为20.8%、18.3%、15.0%及9.7%。

表8－1 2018年中国企业在东南亚国家直接投资行业分布情况

单位：万美元，%

行业	存量	比重
制造业	2141843	20.8
租赁和商务服务业	1887379	18.3
零售及批发业	1543027	15.0
电力、热力、燃气供应行业	1000527	9.7
采矿业	976277	9.5
建筑业	687718	6.7
金融业	567591	5.5
农林牧渔业	492641	4.8
交通运输、仓储和邮政业	333593	3.2
房地产业	312932	3.1
科学研究和技术服务业	107658	1.0

续表

行业	存量	比重
信息传输、软件和信息服务业	75966	0.7
居民服务、修理和其他服务业	70500	0.7
卫生和社会工作	31110	0.3
教育	25031	0.2
其他行业	32252	0.3
合计	10285845	100.0

资料来源:《2018年度中国对外直接投资统计公报》。

俄罗斯在资源储备上处于世界领先位置,在各类化石能源储备量方面具有绝对优势。2018年商务部数据统计,中国在俄罗斯投资行业分布情况如表8-2所示,中国对俄罗斯采矿业的直接投资存量约占47.0%,直接投资存量达66.73亿美元。同时,由于俄罗斯横跨亚欧大陆而地域辽阔,拥有良好的农林牧渔业发展基础。由此,2018年商务部对外直接投资统计公报数据统计,中国对俄罗斯农林牧渔业领域的投资存量占比达到21.3%,仅次于采矿业。相比之下,中国对交通运输、仓储和邮政业,信息传输、软件信息技术服务业以及居民服务、修理和其他服务业的存量占比则较低。

表8-2 2018年中国在俄罗斯投资行业分布情况

单位:万美元,%

行业	存量	比重
采矿业	667285	47.0
农林牧渔业	302858	21.3
制造业	175955	12.4
租赁和商务服务业	89857	6.3
批发和零售业	42896	3.0
金融业	41179	2.9
房地产业	39309	2.8
建筑业	29781	2.1
科学研究和技术服务业	14258	1.0
交通运输、仓储和邮政业	8029	0.5
信息传输、软件和信息技术服务业	5414	0.4

续表

行业	存量	比重
居民服务、修理和其他服务业	1676	0.1
其他行业	2325	0.2
合计	1420822	100.0

资料来源:《2018年度中国对外直接投资统计公报》。

综上所述,在中国与"一带一路"沿线国家的投资合作项目中,区域经济发展水平和资源储备是影响投资的关键因素。一方面,沿线国家与中国的制度差异在一定程度上会增加中国企业对外直接投资的风险,导致中国企业对外投资成本增加。另一方面,基于产业结构升级和资源配置的需求,交易成本高但要素禀赋比较优势更大的国家,更能吸引中国对其进行投资。在投资规模方面,2007~2018年,中国对"一带一路"沿线国家的直接投资总量保持上升趋势,但投资规模仍具有一定上升空间。如图8-3所示,在投资区域分布方面,中国企业对"一带一路"沿线国家的直接投资主要集中在东南亚、中亚及蒙俄地区,对南亚及中东欧地区的投资较少。在投资行业方面,中国企业对"一带一路"沿线国家的投资行业集中在能源、有色金属、交通运输等传统行业,对高新技术产业和信息产业的投资相对有限。制度环境以及政治风险等因素对中国企业投资区位选择产生了重要影响。油气资源丰富的西亚北非地区因当地的政治风险而阻滞了"一带一路"项目在该区域的推进。

第二节 制度质量与中国对"一带一路"
沿线国家的直接投资

本节在上文分析中国对"一带一路"沿线国家直接投资的基础上,分别从东道国制度环境的政治、经济、法律三个维度,利用2009~2018年中国对39个"一带一路"沿线国家直接投资的数据[1],进一步实证研究东道

---

① 在考虑了数据的连续性与完整性后,选定的39个国家分别为阿塞拜疆、孟加拉国、白俄罗斯、保加利亚、柬埔寨、捷克、格鲁吉亚、匈牙利、印度、印度尼西亚、伊朗、以色列、约旦、哈萨克斯坦、科威特、吉尔吉斯斯坦、老挝、马来西亚、蒙古国、尼泊尔、阿曼、巴基斯坦、菲律宾、波兰、卡塔尔、罗马尼亚、俄罗斯、沙特阿拉伯、塞尔维亚、新加坡、斯里兰卡、塔吉克斯坦、泰国、土耳其、土库曼斯坦、乌克兰、乌兹别克斯坦、越南、也门。

国单边制度质量对中国 OFDI 的影响。

一 制度质量与中国 OFDI 的理论假设

20 世纪 90 年代以来，中国 OFDI 得到了较大的发展，国内外学者也越来越关注制度因素对 OFDI 的影响。相关文献主要从制度质量以及制度距离的角度来分析，但是后者的研究文献相对较少。关于制度对中国 OFDI 的影响，学界存在三种不同观点，主要是 "制度对 OFDI 无影响"、"低制度水平吸引 OFDI 形成" 和 "完善的制度对 OFDI 具有促进作用"。学者普遍认为制度质量是制度的好坏及其程度的总称，经常用不同维度的制度环境来衡量（罗小芳等，2011）。

学界关于制度质量与 OFDI 的研究主要集中于两个角度：一是基于政策支持的角度分析中国制度质量对中国 OFDI 的影响机制，学界普遍认为中国政策扶持（阎大颖等，2009）和企业的国有化性质（Wang et al.，2014）等会影响中国企业的 OFDI。二是关于东道国制度质量对中国 OFDI 的影响研究，关于此方面的研究，尚未得到统一结论。一些学者认为东道国良好的制度质量能够有效促进中国对东道国直接投资的流入（陈初异等，2017；祁春凌、邹超，2013）；同时，有学者提出较差的制度质量在一定程度上也能够吸引中国的直接投资（Buckley et al.，2007；饶华和朱延福，2015）；还有一些学者认为制度质量与 OFDI 间的关系具有不确定性（王建和张宏，2011；邓明，2012）。因此，关于东道国制度因素对中国 OFDI 影响的研究尚未得到统一结论。且具体制度质量量化未形成统一标准，导致无法进一步对比制度质量差异对 OFDI 的引力作用，本节将深入讨论制度质量差异造成的投资成本。

东道国政治制度环境。政治制度作为正式制度的核心内容，长期以来一直被认为与企业投资密切相关。Blonigen（2005）对以往文献进行了回顾，发现政治制度质量正向影响企业 OFDI 选择，腐败、寻租行为等会增加企业的投资成本，导致企业的投资行为受到抑制，且低政治制度质量往往意味着低政府监管效率，企业的预期投资收益将因此受到影响。然而，许多中国学者在对中国企业 OFDI 的研究中发现，中国 OFDI 呈现与传统理论不同的新特点。

东道国经济制度环境。企业投资在很大程度上会受到一国经济制度环境的影响，这在企业投资受到的经济约束和贸易摩擦影响中可以得到体现。此外，一国政府所推行的税收制度和货币政策将直接对企业的投资成本产生影响，而且企业在进行投资选择时也会考虑该国业务办理程序的繁简程度。一国良好的经济制度环境在一定程度上能够降低企业投资成本，减少企业在投资过程中的摩擦。贺娅萍和徐康宁（2018）的研究发现东道国的经济制度环境同时影响了中国的投资选择偏好和投资规模。罗鹏和吕中洁（2019）基于中国对"一带一路"沿线国家的投资数据，发现中国偏好于财政、投资自由度较高的国家。邓明（2012）的研究说明中国偏好于投资经济制度环境良好的国家。因此，东道国的经济制度环境可能正向影响中国企业 OFDI，即东道国经济制度环境越好，中国企业 OFDI 越多。由此，提出如下假设——假设 1：中国企业 OFDI 与东道国经济制度环境正相关。

东道国法律制度环境。法律制度在企业投资行为中起到了约束与保护的作用。一般来说，公平、公正的法律制度能防范和化解市场风险，降低交易成本，为企业提供良好的投资环境，有助于企业更好地做出决策。根据 Blonigen 的总结，若一国对资产的法律保护力度不够大，产权制度不够清晰，则这个国家对企业的投资吸引力就会降低。从降低法律风险的角度来看，一国完善的法律制度与产权保护制度能有效地降低企业在投资过程中被侵权的风险，能更好地保障企业获得预期收益，有利于企业做出准确的投资预测。因此，东道国的法律制度环境可能正向影响中国企业 OFDI，即东道国的法律制度环境越好，中国企业 OFDI 越多。由此，提出如下假设——假设 2：中国企业 OFDI 与东道国法律制度环境正相关。

二 东道国制度质量对中国 OFDI 的影响机制

（一）模型设定

模型设定。投资引力模型是研究 OFDI 问题的常用模型，本书参考蒋冠宏和蒋殿春（2012）的做法，设定投资引力模型如下：

$$\ln ofdi_{ijt} = \partial_0 + \partial_1 \ln gdp_{it} + \partial_2 \ln hgdp_{jt} + \partial_3 \ln dist_{ijt} + \sum_n \theta_n C_{jt}^n + \lambda_j + \mu_t + \xi_{ijt}$$

该模型中的 ofdi 代表中国对各个国家历年的直接投资存量；gdp 指的

是中国历年的 GDP；$hgdp$ 代表各个东道国历年的 GDP，该指标主要是用来体现东道国市场规模的大小；$dist$ 表示投资的距离成本，代表中国与各东道国之间的距离；∂_0 为常数项；λ_j 和 μ_t 分别表示国家和时间效应；ξ_{ijt} 是随机误差项；$\theta_n C_{jt}^n$ 为观察变量，包括东道国政治制度环境、经济制度环境、法律制度环境。

变量设定与数据说明。在充分借鉴现有实证文献的基础上，本书将变量设定如下。

在该模型中，中国对"一带一路"沿线国家的直接投资存量为被解释变量，其单位为万美元；对中国对外直接投资存量取对数用 $\ln ofdi$ 表示，数据来源于《2019 年度中国对外直接投资统计公报》。考虑到数据的连续性以及完整性，本书选取"一带一路"沿线的 39 个国家，利用 2009~2018 年中国企业对其的投资数据展开分析（谢孟军，2013）。

（二）解释变量

（1）东道国经济制度环境。该指标主要采用经济自由度指数来衡量。美国传统基金会采用该指数量化评价各国的经济自由状况，每个子指标赋值为 0~100，经济制度环境越好、越自由的地区的评分越高。本书采用商业自由度（business freedom，BF）、贸易自由度（trade freedom，TF）、货币自由度（monetary freedom，MF）、财政自由度（fiscal freedom，FIS）、投资自由度（investment freedom，IF）、金融自由度（financial freedom，FIN）6 个子指标。

（2）东道国法律制度环境。本书借鉴李靖文（2019）等学者对法律制度环境的衡量方法，采用美国传统基金会数据库提供的产权保护度（property rights，PR）以及世界银行数据库中的法律完善度（rule of law，RL）2 个子指标，用以体现该国的司法体系完善程度、合同执行的保障以及企业在该国受到的产权保护程度。

（三）控制变量

（1）东道国的国内生产总值（$hgdp$）：用以代表东道国市场规模的大小，数据来源于世界银行数据库。

（2）中国的国内生产总值（gdp）：用以衡量中国经济发展水平及企业投资能力，数据来源于世界银行数据库。

（3）地理距离（*dist*）：以中国首都北京与东道国首都之间的地理距离来衡量，数据来源于世界距离计算网站。

（四）模型检验与实证结果

利用 R 软件对上述模型展开全变量回归，同时对回归结果进行膨胀方差因子检验。如表 8 - 3 所示，根据 VIF 检验结果可知，由于大部分变量的 VIF 值小于 10，所以不存在严重的多重共线性。虽然 CC、RQ、GE、RL 的 VIF 值大于 10 会对回归结果中变量的系数产生一定的影响，但是因为本书不会直接利用系数，所以将其视为在可接受的范围内。

表 8 - 3 各变量间 VIF 检验结果

		VIF	1/VIF
东道国政治制度环境	CC	13. 205	0. 076
	PS	1. 625	0. 615
	RQ	23. 874	0. 042
	GE	10. 592	0. 094
	VA	2. 704	0. 370
东道国经济制度环境	BF	3. 125	0. 320
	TF	2. 140	0. 467
	MF	1. 847	0. 541
	FIS	1. 414	0. 707
	IF	3. 577	0. 280
	FIN	5. 688	0. 176
东道国法律制度环境	PR	4. 828	0. 207
	RL	17. 425	0. 057
控制变量	ln*hgdp*	1. 099	0. 910
	ln*dist*	1. 491	0. 671
	ln*gdp*	1. 297	0. 771
	meanVIF	5. 996	

本书使用 2009~2018 年中国对"一带一路"沿线国家的直接投资面板数据，面板数据通常采用混合面板回归估计、固定效应、随机效应的检验方法。经 LM 检验后，拒绝采用混合面板回归估计；继续用 Hausman 检验，结果如表 8 - 4 所示，拒绝采用固定效应。因此，本书采用随机效应对

模型进行检验，估计方法为可行的广义最小二乘法。

表 8－4　Hausman 检验结果

	Coef.
Chi-squaretestvalue	28. 846
P-value	0. 030

从模型最后的估计结果中可知，三个主要变量 $\ln hgdp$、$\ln gdp$、$\ln dist$ 与传统理论以及预期相符。中国的 GDP 以及东道国的 GDP 对中国的 OFDI 规模影响均是正向显著的，这反映了中国的 OFDI 受东道国的市场经济规模影响显著，同时，中国的经济发展向好会带动 OFDI 规模的扩大。相比之下，中国与东道国的地理距离会显著负向影响中国的 OFDI，这是因为考虑到运输成本等因素，中国企业会更加倾向于在距离较近的国家进行投资（见表 8－5）。

表 8－5　东道国制度质量对中国 OFDI 的影响结果

	(1)	(2)	(3)	(4)
$\ln hgdp$	0. 519 *** (11. 24)	0. 533 *** (9. 93)	0. 558 *** (11. 77)	0. 497 *** (10. 21)
$\ln gdp$	3. 290 *** (10. 39)	3. 212 *** (10. 85)	3. 402 *** (10. 02)	2. 240 *** (10. 19)
$\ln dist$	－ 2. 393 *** （－ 15. 25）	－ 2. 545 *** （－ 15. 77）	－ 2. 720 *** （－ 15. 55）	－ 2. 506 *** （－ 14. 94）
CC		－ 0. 505 ** （－ 2. 12）		
GE		0. 108 (0. 59)		
PS		0. 108 (1. 28)		
RQ		0. 996 *** (4. 47)		
VA		－ 0. 725 *** （－ 6. 70）		
FIS			0. 020 *** (3. 69)	

续表

	（1）	（2）	（3）	（4）
MF			0.004 （0.39）	
BF			0.011 ** （2.23）	
TF			0.003 （0.67）	
IF			0.003 （0.67）	
FIN			0.005 （0.88）	
PR				0.003 （0.57）
RL				－ 0.125 （ － 0.91）
常数项	－ 80.257 （ － 8.48）	－ 77.467 （ － 8.69）	－ 85.018 （ － 8.34）	－ 77.360 （ － 8.08）
Wald 值	416.9	545.7	467.8	421.7
样本量	390	390	386	389

注：模型采用可行的广义最小二乘法估计，括号内为 t 值，***、**、* 分别表示在1%、5%、10%的检验水平上显著，Wald 值体现模型整体显著性，大于 10 则说明模型整体显著。

1. 政治制度环境

在政治制度环境对中国 OFDI 影响的回归分析中，政治制度环境的影响呈现异质性。东道国的监管质量（RQ）的系数为正，说明其与 OFDI 有正向关联，这与传统理论一致，高水平的监管质量和管制效率有助于企业减少风险。而东道国政府对腐败的控制（CC）、话语权与问责制度（VA）均表现出对中国 OFDI 的负向影响。政府效率（GE）、政治稳定性（PS）并没有通过显著性检验，说明企业在投资时较少关注政府效率和政治稳定性。

2. 经济制度环境

根据经济制度环境对中国 OFDI 影响的回归结果，东道国的财政自由度与商业自由度对 OFDI 具有正向显著的促进作用。东道国的财政自由度基于企业所得税、个人所得税的最高税率以及税收在国民总收入中的比重，主要衡量指标是东道国对企业的征税情况。由结果可知，东道国的财政自由度越高，企业越愿意对该国进行投资。而商业自由度主要衡量的是企业在东道国进行注册等业务办理的便利程度，结果为正，说明企业在该国办理业务程序越简便，投资就越多。其他的经济指标的系数检验均不显著，但总体来看，一个国家良好的经济制度环境会对企业投资产生正向的吸引作用，这与假设1相符合。

3. 法律制度环境

法律制度环境的衡量主要由产权保护度和法律完善度2个指标构成，在回归结果中，虽然两者都未通过显著性检验，但是从它们的正负符号来看，符合我们的认知，即产权保护度与OFDI正相关，意味着产权保护力度越大的东道国，越能吸引企业对其进行投资，这与传统理论相符，也与假设2相符。

综上，经济制度环境从财政自由度和商业自由度上对OFDI产生影响，且企业在一国开办公司和开展业务的程序越简便、政府对企业征收的税率越低，企业越倾向于在该国投资。法律制度环境中的产权保护度正向影响企业投资，而法律完善度负向影响企业投资，说明许多中国企业倾向于规避严格的法律制度体系，更愿意在司法体系不健全、法制约束少的国家进行投资。

因此，中国需积极与"一带一路"沿线国家建立经贸关系，加强贸易合作，支持和推动中国企业走出国门、走向世界。与此同时，中国政府应当更好地为企业提供信息咨询服务，建立专门的咨询部门与考察机制，帮助企业获取有关东道国经济、政治和法律方面的信息，帮助企业更好地选择投资国。同时，在投资过程中，企业应主动承担社会责任，自觉遵守环境保护等相关法律法规，进一步加强中国与"一带一路"沿线国家的友好合作关系。

第三节　制度距离与中国对"一带一路"沿线国家的直接投资

前文将东道国的制度质量划分为政治、经济和法律三个维度，并从东道国单边的制度因素对中国OFDI的影响进行分析，不同制度类型对OFDI

的影响是有差别的，这在一定程度上体现了企业投资活动的偏好选择问题，同时，企业的投资决策是基于不同的投资动机做出的，而不同的投资动机或许才是企业投资行为差异化的主要根源。在传统的 OFDI 相关研究中，投资动机一直作为区位要素被纳入分析框架，这极大地弱化了投资动机所引起的关联影响因素分析。本节研究制度距离与中国对"一带一路"沿线国家的直接投资。

一 制度距离与中国 OFDI 的理论假设

（一）制度距离与 OFDI 的影响机制

"外来者劣势"即母国对东道国的投资受地域、制度和文化等多方面的差异影响（Zaheer，1995）。同时，相对于东道国国企而言，母国对东道国的投资也具有竞争优势，这些竞争优势在一定程度上可以削弱"外来者劣势"，从而促使 OFDI 活动的发生。一方面，东道国在区位、所有权以及行业垄断方面具有绝对竞争优势；另一方面，东道国在产品生命周期及产业发展阶段方面具有相对竞争优势。从图 8 - 4 可以看出制度距离作用于 OFDI 的关联路径，OFDI 同时受到"外来者劣势"下的跨国经营成本及竞争优势下的跨国经营收益的双重影响。

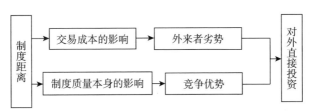

图 8 - 4 制度距离作用于 OFDI 的关联路径

由此可见，制度距离对交易成本和制度质量本身产生双重影响，制度距离加剧交易成本对 OFDI 的抑制作用，同时又通过制度质量产生竞争优势进而促进 OFDI。具体而言，一方面，制度距离加剧母国的"外来者劣势"，东道国的 OFDI 同时面临制度及其差异的双重交易成本，进而抑制"一带一路"的投资合作。另一方面，两国的制度质量差异越大，由国际资本流动带来的相对收益就越有利于母国企业在国际市场上形成竞争优势，进而促进 OFDI。

（二） 非正式制度距离与中国对沿线国家直接投资

非正式制度距离的存在将影响跨国公司在东道国设立的分支机构与当地企业的交流与合作，过大的社会规范差异会增大跨国公司在当地获取内部合法性的难度，继而产生行动受制、消费者市场信息捕捉滞后、"外来者劣势"被放大等问题。同时，较大的风俗习惯差异，会长时间地阻碍跨国公司内部的协同和整合，限制母公司同国外分支机构的交流，跨国公司内部同构压力加大，即组织惯例转移困难，而这会在很大程度上削弱竞争优势，并且组织惯例的跨国转移与当地合法性的获取问题不仅会单独作用于非正式制度距离下的投资活动，两者形成的冲突还会加剧非正式制度距离对投资活动的束缚。如跨国公司合法性地位可以通过雇用当地员工获取，但组织惯例的转移需要派更多的本国人员到国外分支机构才能实现。

综上，非正式制度距离会抑制 OFDI。沿线国家之间社会规范、制度及规则的差异越明显，跨国公司的投资和交流与合作越艰难。基于此，本节提出以下假设——假设 1：非正式制度距离抑制中国企业对"一带一路"沿线国家的直接投资。

（三） 正、负向制度距离与中国对沿线国家直接投资

关于正式制度距离的研究，学者首先不考虑其方向性，即仅仅先考虑制度距离的绝对差异对 OFDI 的影响。制度接近理论认为，正式制度距离的绝对差异越小，对东道国的直接投资越多（邓明，2012；刘晓光和杨连星，2016）。这是因为跨国公司在东道国获得合法性的难易程度是与该国的制度环境息息相关的，一般来说，跨国公司为了摆脱母国的制度约束，会采用 OFDI 的形式进入与母国制度差异较大的东道国，表现为在制度质量相对较低国家进行投资与在制度质量相对较高国家进行低风险投资的偏好并存。蒋冠宏和蒋殿春（2012）指出，中国的 OFDI 大多是由国有企业所主导的，在这种情况下，其所有权优势和非市场动机所带来的制度接近理论在中国等的发展中国家不适用。此外，他们在此基础上进一步利用实证研究验证了中国与东道国制度质量的绝对差异对中国的 OFDI 具有正向影响。但是，也有学者研究得出制度距离对中国的 OFDI 有显著的抑制作用的结论（邓明，2012；冀相豹，2014；刘晓光和杨连星，2016）。考虑到本书的研究范围为"一带一路"沿线国家，同时，从中国对东南亚、中亚及蒙俄直接投资的占比以及中国与这两个区域的制度距离绝对差异的均值来

看，中国对"一带一路"沿线国家的直接投资表现出一定的制度接近特征。基于此，提出以下假设——假设2：制度距离的绝对差异抑制中国企业对"一带一路"沿线国家的直接投资，即呈现制度接近特征。

进一步考虑制度距离的方向性对OFDI的影响。王凤斌和杨阳（2010）认为，随着中国经济实力的不断提升，中国企业的资本既可以流入发达国家，也可以流入发展中国家以及经济实力较弱的国家。根据经济理论中顺逆差的概念，正向制度距离指东道国的制度质量劣于母国，而负向制度距离意味着制度质量优于母国（吴晓波等，2017；刘凯和张文文，2018）。由于非正式制度距离主要指社会规范和风俗习惯等价值观念的差异，不具备方向性的差异。因此，本节主要基于正式制度距离的视角研究其对OFDI的影响机制。

正向制度距离有利于扩大中国企业对"一带一路"沿线国家的直接投资。对于制度质量相对劣于中国的东道国而言，由于其劳动力市场不成熟、自然资源等要素禀赋的成本较高、经济发展水平较低，正向制度距离越大则意味着越有可能获得经济差异互补。在"一带一路"倡议下，中国面临国内产业转移压力，沿线国家普遍存在对基础设施类国际公共产品的需求偏好。因此，尽管具有较为完善的市场秩序和基础设施条件，但在负向制度距离较大且制度质量优于中国的东道国，中国企业的投资经营活动往往受制于严格的政治审查、劳动力纠纷以及进入壁垒。同时，在该环境下中国企业的市场技能不高，非市场技能又难以发挥，所以会受到严重的竞争压制。因此，越是完善的东道国制度质量，将意味着越严格的限制，对于中国的OFDI反而不利（周经和刘厚俊，2015）。

正向制度距离主要集中于"一路"国家，负向制度距离主要集中于"一带"国家。通过分析现阶段中国企业对"一带一路"沿线国家直接投资现状，可以发现中国在负向制度距离较大的中东欧国家直接投资较少，在正向制度距离较大的东南亚国家的直接投资较多。基于此，本书进一步提出以下假设——

假设3：正向制度距离越大，则中国企业对"一带一路"沿线国家直接投资越多。

假设4：负向制度距离越大，则中国企业对"一带一路"沿线国家直接投资越少。

（四）制度距离与异质性投资动机

不同投资动机下的投资行为对制度距离存在异质性偏好。Buckley 等（2007）指出中国对"一带一路"沿线国家的直接投资主要包括市场寻求型、自然资源寻求型及战略资产寻求型的投资动机。根据国际直接投资理论，投资动机会产生投资行为，而投资动机对制度距离的反应具有偏好差异。东道国拥有的自然资源、市场、战略资产会吸引资本流入。对于市场寻求型投资动机而言，正向制度距离越大意味着市场规模越小、低收入群体越多，市场需求的有效性使投资的规模效应受到限制；相比之下，负向制度距离越大则越有利于形成具有竞争优势的市场规模。鲁桐（2007）提出，中国以 OFDI 的方式进入发达国家市场，在一定程度上能避免关税及反倾销等贸易壁垒的限制。可见，负向制度距离越大则市场法治秩序越趋向于完善，投机行为的交易成本越高，中国企业的投资环境越好。近年来，中国企业不再一味地规避差异化市场而转向市场寻求型 OFDI，表现出对发达国家市场环境的偏好，不断提升产品的市场竞争力并树立品牌效应（刘凯和张文文，2018）。

自然资源寻求投资动机对制度质量的要求较低。市场法治秩序越完善，非市场技能越容易受到寻租成本等的限制。学界在制度、自然资源与投资的相关研究中，提出自然资源扭曲制度因素对 OFDI 的影响，出于自然资源寻求动机的 OFDI 会相应地忽视制度距离的交易成本风险，使投资流入制度质量较低的国家（田原和李建军，2018）。但是，在制度质量低的国家，腐败投机带来的制度红利有可能抵消一大部分制度及制度距离的交易成本。而那些经济发展程度相对不高、制度质量较低的东道国分布着大量的自然资源。① 另外，在制度质量较好的国家，可供选择利用的自然资源较少，自然资源对制度距离的扭曲作用减弱，所以呈现负向制度距离偏好特征。因此，综合表现为"断点"偏好。

战略资产是指在自然资源基础上通过后天的努力创造出来的基于知识的资产，是企业形成竞争优势的关键（Dunning，1993），是不同于自然资

---

① 自然资源丰富和制度质量差、经济发展水平低之间的关系可能不是偶然因素导致的，比如"荷兰病"（自然资源禀赋导致经济停滞，也被称为"资源诅咒"），感兴趣的读者可以自行参阅相关文献，但这并不是本书研究的重点，所以在此略过。

产的创造性资产。在制度质量较低的国家，其市场秩序、法律秩序不够完善，产权制度薄弱，对于这类资产的保护不够到位。因此，战略资产一般集中于制度质量较高的国家。但是，制度质量较低、科技发展较为落后的发展中国家由于存在诱人的利润，也受到各国的重视。所以，从国内环境来看，中国目前正面临着产业转型升级的压力，通过 OFDI 进入制度质量高的国家，学习先进的技术、管理经验，并逐渐建立起战略资产的竞争优势是摆脱复制技术的必由之路。同时将这些技术投入更为落后的地区，也是市场竞争的必然结果。在这个过程中，中国扮演着承上启下的角色。因此，当前阶段中国战略资产寻求型 OFDI 往往呈现制度逃逸特征。

基于上述分析，我们提出以下假设。

假设 5：市场寻求型 OFDI 偏好负向制度距离较大的沿线东道国。

假设 6：自然资源寻求型 OFDI 偏好正向制度距离较小或负向制度距离较大的沿线东道国，综合表现为"断点"偏好。

假设 7：战略资产寻求型 OFDI 存在正向或负向制度距离偏好特征，总体呈现制度逃逸特征。

二 样市选取与模型设定

在综合考察各个国家指标数据的完整性及可获得性后，选取 2007 ~ 2018 年度"一带一路"沿线 52 个具有代表性的国家作为样本国，具体样本国家如表 8 - 6 所示。

表 8 - 6 样本国家一览

地区	国别
东南亚	越南、老挝、柬埔寨、泰国、马来西亚、新加坡、印度尼西亚、文莱、菲律宾、缅甸（10）
南亚	印度、巴基斯坦、孟加拉国、尼泊尔、斯里兰卡（5）
中亚及蒙俄	哈萨克斯坦、吉尔吉斯斯坦、蒙古国、俄罗斯（4）
西亚北非	土耳其、伊朗、阿联酋、沙特阿拉伯、卡塔尔、巴林、科威特、黎巴嫩、阿曼、也门、约旦、以色列、格鲁吉亚、埃及、阿塞拜疆、亚美尼亚（16）
中东欧	波兰、捷克、斯洛伐克、斯洛文尼亚、克罗地亚、罗马尼亚、保加利亚、马其顿、波黑、阿尔巴尼亚、爱沙尼亚、立陶宛、拉脱维亚、匈牙利、乌克兰、白俄罗斯、摩尔多瓦（17）

考虑到本书研究重点是制度距离对中国在"一带一路"沿线国家直接投资的影响，以及不同投资动机下该影响的变化，具体的变量设置如下。

1. 被解释变量

对外直接投资（ofdi）。考虑到与流量数据相比，存量数据避免了短期波动，更加稳定，且更适合研究 OFDI 区位分布，所以采用中国 OFDI 的存量数据。[1]

2. 解释变量

正式制度距离（id）。常用的有美国传统基金会发布的经济自由度指数（IEF）、PRS 公布的政治风险指数（ICRG）及世界银行的全球治理指数（WGI）这 3 个指标数据库。综合考虑指标数据的全面性之后，选择 WGI 来衡量正式制度距离。WGI 包括 6 个子指标：政治稳定性、政府效率、监管质量、法治程度、民主权利、腐败控制。该指标得分为 - 2.5 ~ 2.5，得分越高表示该国的制度质量越好。取上述 6 个指标得分之和的平均值为制度质量的综合得分，用中国制度质量的综合得分减去东道国综合得分，得到两国的正式制度距离。其值大于 0，意味着中国的制度质量优于东道国，称正向制度距离（id_pos）；反之，则为负向制度距离（id_neg）。

非正式制度距离（fd）。[2] 由于非正式制度距离难以直接衡量测算，因此采用间接代理算法。首先用文化距离来代理衡量非正式制度距离，文化距离指两国在文化方面差异的程度。然后从 6 个文化价值观维度（权力距离、不确定性规避、个人/集体主义、男性化与女性化、长短期取向、自身放纵与约束）表征各个国家之间的文化差异。最后利用 Kogut 和 Singh（1988）提出的跨国文化距离测算方法，综合考虑綦建红等（2012）的研究成果，最终得到非正式制度距离的计算公式如下：

$$fd_{jt} = \sum_{i}^{4} \left[\frac{(I_{ij} - I_{ic})}{V_i} \right] / 4 + \frac{1}{T_{jt}}$$

其中，fd_{jt} 为中国与"一带一路"沿线国家 j 之间的非正式制度距离，I_{ij} 为国家 j 的第 i 个文化维度指标值，V_i 为第 i 个文化维度的方差，T_{jt} 为沿

---

[1] 资料来源：2006 ~ 2016 年《中国对外直接投资统计公报》。

[2] 对于个别"一带一路"沿线国家文化距离的缺失数据，借鉴吉生保等人的做法，采用中国与其周边国家文化距离的平均值进行代替。

线国家 j 与中国的建交年数。

市场寻求指标（mar）。采用年度国内生产总值（gdp）衡量东道国的市场规模[1]，考虑到地理距离（dis）带来的冰山成本会影响市场规模投资动机的强弱，因此本书用地理距离修正东道国的年度国内生产总值来表示市场规模（杜江、宋跃刚，2014）。具体表示为：$mar = gdp/dis$。

自然资源寻求指标（res）。用自然资源租金占 GDP 的比重衡量东道国的自然资源禀赋的丰富程度（冯德连、施亚鑫，2018）。

战略资产寻求指标（tec）。用高科技产品出口占制成品出口的百分比衡量东道国的战略资产的丰富程度（平淑娟，2017）。

3. 控制变量

市场潜力（h_gdp）。用东道国的 GDP 年度增长率衡量。根据传统的国际直接投资理论，一国的市场潜力越大，其对外资的吸引力越大，不过近年来的金融风暴带来的经济不稳定及 GDP 本身指标衡量的信息遗漏，可能导致该指标对 OFDI 的吸引效应并不显著。

母国的经济实力（$cgdp$）。用中国的国内生产总值衡量。一般来说母国的经济实力越强，OFDI 的能力越强。

双边投资协定（$bit = 0，1$）。两国签订双边投资协定能显著降低经营风险，吸引投资。

贸易往来（emx）。用中国对"一带一路"沿线国家的进出口总额衡量。两国的贸易往来对母国的投资来说可能存在替代效应，但对东道国的贸易也可视为对其直接投资经验的积累，减少因陌生而带来的额外交易成本，因而中国对"一带一路"沿线国家的进出口总额对中国 OFDI 的影响暂无定论。

东道国的对外开放程度（$open$）。用东道国的外国直接投资净流入占 GDP 的百分比来衡量。一般说来，一国的对外开放程度越高，其对外资的吸引力也就越大。

具体的变量含义及数据来源、描述性统计如表 8 - 7、表 8 - 8 所示。

---

[1] 借鉴刘凯、张文文（2018），吉生保（2018），冯德连、施亚鑫（2018），平淑娟（2017）等的做法。

表 8 - 7　变量含义及数据来源

变量	符号	含义	数据来源
被解释变量	*ofdi*	中国 OFDI 存量（万美元）	《中国对外直接投资统计公报》
解释变量	*id*	正式制度距离：东道国政治稳定性、政府效率、监管质量、法治程度、民主权利、腐败控制 6 个指标得分加总平均值取与中国的得分作差的绝对值	世界银行
	fd	非正式制度距离：东道国与中国文化六维度得分 KS 指数化，采用建交年数加权处理	霍夫斯泰德官方网站；中国外交部
	mar	市场寻求指标：东道国国内生产总值（2010 年不变价美元）；采用地理距离修正（两国首都空间距离）	世界银行；法国国际预测研究中心
	res	自然资源寻求指标：东道国自然资源租金占 GDP 的比重	世界银行
	tec	战略资产寻求指标：东道国高科技产品出口占制成品出口的百分比	世界银行
控制变量	*h_gdp*	东道国国内生产总值年度增长率（年百分比）	世界银行
	cgdp	中国国内生产总值（2010 年不变价美元）	世界银行
	bit	两国有无签订双边投资协定（自签订年份起赋值为 1，其他年份赋值为 0）	联合国贸易发展委员会
	emx	中国对东道国的进出口总额（万美元）	《中国统计年鉴》
	open	东道国对外开放程度：东道国的外国直接投资净流入占 GDP 的百分比	世界银行

表 8 - 8 对表 8 - 7 中的各变量进行了描述性统计，根据表中的统计结果可知样本数为 520 个，大部分变量的标准差较小，即数据的波动性相对较小。在对各变量进行描述性统计后，对各变量的特性有了更好的把握，为后文的模型实证奠定了一定的基础。

表 8 - 8　各变量描述性统计

变量名称	观察数	平均值	标准差	最小值	最大值
ln*ofdi*	624	9.438	2.741	2.996	15.427
id	624	- 0.379	0.685	- 2.130	1.687
fd	624	30.830	4.601	24.640	48.770

变量名称	观察数	平均值	标准差	最小值	最大值
lnmar	624	16.870	1.627	13.960	21.190
res	624	8.546	12.389	0	64.047
tec	520	10.164	12.096	0.001	61.110
h_gdp	623	3.970	4.258	-16.678	25.463
lncgdp	623	29.620	0.268	29.150	30.010
bit	623	0.970	0.172	0	1.000
lnemx	623	12.815	1.732	8.514	16.200
open	623	4.223	6.056	-41.458	54.649
样本数	520				

注：（1）由于缺失东道国自然资源租金占比变量 2018 年的数据，采用线性插值法补充，其中也门的变化太大，因此取前 3 年的平均值。（2）东道国高科技产品出口占比变量的数据缺失主要是因为缅甸、老挝、伊朗存在连续 4 年的缺失值，线性插值偏误较大且这 3 个样本国家投资存量的比重较大，全部剔除不太合理，所以本书予以保留，为非平衡面板数据。

　　首先，本书借鉴应用引力模型分析国际直接投资的已有文献，在制度距离因素的基础上，引入东道国市场规模（地理距离修正）、东道国市场潜力、中国经济实力、双边投资协定的签订、中国对东道国的进出口总额、东道国对外开放程度、自然资源禀赋及战略资产水平因素，考察制度距离对 DFDI 的影响，得到基础模型[①]，具体如下：

$$\ln ofdi_{it} = \alpha_0 + \alpha_1 id_{it} + \alpha_2 fd_{it} + \alpha_3 \ln mar_{it} + \alpha_4 res_{it} + \alpha_5 tec_{it} + \alpha_6 h\_gdp_{it}$$
$$+ \alpha_7 \ln cgdp_{ct} + \alpha_8 bit_{it} + \alpha_9 \ln emx_{it} + \alpha_{10} open + year_t + \varepsilon_{it} \quad (8-1)$$

　　其次，在模型（8-1）的基础上分别引入正向、负向制度距离，得到模型（8-2）、模型（8-3）：

$$\ln ofdi_{it} = \beta_0 + \beta_1 id\_pos_{it} + \beta_2 fd_{it} + \beta_3 \ln mar_{it} + \beta_4 res_{it} + \beta_5 tec_{it} + \beta_6 h\_gdp_{it}$$
$$+ \beta_7 \ln cgdp_{ct} + \beta_8 bit_{it} + \beta_9 \ln emx_{it} + \beta_{10} open_{it} + year_t + \varepsilon_{it} \quad (8-2)$$

① F 检验结果（F = 65.45，P > F = 0.0000）显示固定效应模型好于混合面板回归估计，Hausman 检验结果（Hausman = 70.03，P > chi2 = 0.0000）显示固定效应模型好于随机效应模型，但考虑到模型中的母国经济实力指标并不具备时间上的个体差异，且有无签订双边投资协定的虚拟变量信息在考虑个体效应回归时有多重共线性问题，因此本书最终选择时间固定效应模型，且异方差检验［chi2（1）= 19.94，P > chi2 = 0.0000］拒绝同方差原假设，本书使用"r"（聚类稳健标准误）进行修正。

$$\ln ofdi_{it} = \gamma_0 + \gamma_1 id\_neg_{it} + \gamma_2 fd_{it} + \gamma_3 \ln mar_{it} + \gamma_4 res_{it} + \gamma_5 tec_{it} + \gamma_6 h\_gdp_{it}$$
$$+ \gamma_7 \ln cgdp_{ct} + \gamma_8 bit_{it} + \gamma_9 \ln emx_{it} + \gamma_{10} open_{it} + year_t + \varepsilon_{it} \qquad (8-3)$$

最后，为考察投资动机对正、负向制度距离效应的影响，在模型（8 - 2）、模型（8 - 3）的基础上加入制度距离与投资动机的交叉项，构建模型（8 - 4）、模型（8 - 5）分别考察不同投资动机对正、负向制度距离的偏好。其中 $id\_pos_{it} \times invest\_motiva$ 代表不同投资动机下的正向制度距离偏好，$id\_neg_{it} \times invest\_motiva$ 代表不同投资动机下的负向制度距离偏好。

$$\ln ofdi_{it} = \beta_0 + \beta_1 id\_pos_{it} + \beta_2 id\_pos_{it} \times invest\_motiva + \beta_3 fd_{it} + \beta_4 invest\_motiva$$
$$+ \beta_5 h\_gdp_{it} + \beta_6 \ln cgdp_{it} + \beta_7 bit_{it} + \beta_8 \ln emx_{it} + \beta_9 open_{it} + year_t + \varepsilon_{it} \qquad (8-4)$$

$$\ln ofdi_{it} = \gamma_0 + \gamma_1 id\_neg_{it} + \gamma_2 id\_neg_{it} \times invest\_motiva + \gamma_3 fd_{it} + \gamma_4 invest\_motiva$$
$$+ \gamma_5 h\_gdp_{it} + \gamma_6 \ln cgdp_{ct} + \gamma_7 bit_{it} + \gamma_8 \ln emx_{it} + \gamma_9 open_{it} + year_t + \varepsilon_{it} \qquad (8-5)$$

对以上变量进行相关系数及多重共线性检验，检验结果如表 8 - 9 所示。

表 8 - 9　变量间相关系数分析

Variables	ln$ofdi$	Abs (id)	fd	lnmar	res	tec	h_gdp	ln$cgdp$	bit	lnemx	$open$
ln$ofdi$	1.000										
Abs (id)	−0.124	1.000									
fd	−0.200	0.257	1.000								
lnmar	0.711	−0.072	−0.064	1.000							
res	0.239	−0.203	−0.195	0.218	1.000						
tec	0.322	0.368	0.045	0.292	−0.113	1.000					
h_gdp	−0.049	−0.155	0.102	0.067	−0.035	−0.093	1.000				
ln$cgdp$	0.320	−0.100	−0.019	0.085	−0.029	0.074	−0.096	1.000			
bit	−0.061	0.013	0.033	0.052	0.035	0.088	0.002	−0.108	1.000		
lnemx	0.211	−0.067	0.100	0.333	−0.087	0.062	0.135	0.173	0.032	1.000	
$open$	−0.203	0.028	−0.008	−0.165	0.015	−0.081	0.216	−0.185	0.075	−0.155	1.000

由变量间的相关系数可见，制度距离的绝对差异对 OFDI 具有显著的抑制效应，东道国市场规模、自然资源禀赋、战略资产水平均与 OFDI 呈正向相关。从变量间相关系数的大小来看，平均方差膨胀因子为 1.53。各变量之间不存在多重共线性。

三 制度距离对中国 OFDI 的影响效应

为避免正式制度距离与非正式制度距离在对中国"一带一路"沿线国家 OFDI 的影响上相互干扰，在模型（8-1）的基础上，本书先考虑制度距离的绝对差异带来的影响，也即对变量 id 取绝对值后进行回归，同时将其与非正式制度分开回归，分别得到样本回归模型（1）、回归模型（2）；再进行总体回归，得到回归模型（3）。另外参考袁柳（2019）的做法，采用 Kogut 和 Singh（1988）提出的跨国文化距离测算方法得到 K 氏制度距离（$K-id$）[①]，并对回归模型（1）、回归模型（3）进行稳健性检验。制度距离对中国在"一带一路"沿线国家 OFDI 的影响回归结果见表 8-10。

表 8-10 制度距离对中国在"一带一路"沿线国家 OFDI
的影响回归结果

变量名称	（1）正式制度距离		（2）非正式制度距离	（3）总回归	（4）内生性检验
	Abs（id）	$K-id$			
Abs（id）	-0.585*** (-3.45)	-0.140** (-2.23)		-0.374** (-2.24)	-0.310* (-1.77)
fd			-0.108*** (-6.73)	-0.101*** (-6.15)	-0.097*** (-5.47)
lnmar	0.708*** (9.10)	0.750*** (9.71)	0.694*** (9.27)	0.668*** (8.86)	0.671*** (8.33)
res	0.019*** (2.63)	0.019*** (2.62)	0.013* (1.83)	0.011 (1.57)	0.010 (1.27)
tec	0.044*** (6.09)	0.042*** (5.56)	0.036*** (5.51)	0.042*** (5.96)	0.037*** (5.16)
h_gdp	0.039** (2.05)	0.044** (2.30)	0.029 (1.55)	0.025 (1.31)	0.040* (1.90)
ln$cgdp$	2.520*** (7.80)	2.619*** (8.10)	2.614*** (8.46)	2.498*** (8.01)	2.084*** (5.43)
bit	0.648*** (2.67)	0.655*** (2.68)	0.879*** (3.69)	0.875*** (3.69)	0.916*** (3.62)

① K 氏制度距离的测算公式：$K-id = \dfrac{1}{6}\sum_{k=1}^{6}\dfrac{(H_{ik}-H_{ck})^2}{Var_k}$，其中 i 表示东道国，c 表示中国，k 分别表示 WGI 中的 6 个制度指标，Var_k 为所有国家制度指标 k 的样本方差。

变量名称	(1) 正式制度距离		(2) 非正式 制度距离	(3) 总回归	(4) 内生性 检验
	Abs (id)	$K - id$			
lnemx	0.376 ***	0.343 ***	0.417 ***	0.429 ***	0.418 ***
	(5.30)	(4.82)	(6.03)	(6.21)	(5.63)
open	0.017	0.018	0.026 **	0.024 *	0.028 *
	(1.24)	(1.36)	(1.99)	(1.85)	(1.75)
_cons	−83.0 ***	−86.3 ***	−83.1 ***	−79.4 ***	−67.2 ***
	(−8.61)	(−8.97)	(−9.02)	(−8.52)	(−5.89)
N	520	520	520	520	465
R^2	0.637	0.633	0.659	0.663	0.649
F	99.63	97.55	109.60	99.92	83.86

注：* $p < 0.1$，** $p < 0.05$，*** $p < 0.01$。

从表 8-10 可以看出，回归模型（2）中非正式制度距离的回归系数在 1% 的水平上显著为负，非正式制度距离抑制中国对"一带一路"沿线国家的直接投资，每增加 1 单位的制度距离将导致 OFDI 下降 10.8%，假设 1 得以验证。回归模型（1）中正式制度距离的绝对差异的回归系数在 1% 的水平上显著为负，正式制度距离负向影响中国对"一带一路"沿线国家的直接投资，每增加 1 单位的制度距离将导致 OFDI 下降 58.5%，重新计算 $K - id$ 后结果保持一致，假设 2 得以验证。

在全样本回归模型（3）中，正式制度距离对 OFDI 的抑制作用远大于非正式制度距离。不过正式制度距离与非正式制度距离的影响效应均有所下降，这可能是因为同时考虑两个阻碍因素的时候，单个阻碍因素的影响就相对变小了。其他变量的影响效应也基本符合预期。但是，自然资源寻求指标没有通过全样本回归的显著性检验。综合回归模型（1）、回归模型（2）来看，可能是非正式制度带来的文化价值理念与行为习惯差异削弱了自然资源对中国企业 OFDI 的促进作用，假设 1 与假设 2 同样得以验证。

东道国的开放程度在回归模型（1）中不显著，而在回归模型（2）、回归模型（3）中显著，可能是因为东道国的外国直接投资净流入发挥了东道国的经验作用，而东道国经验在考虑文化价值理念的非正式制度距离的国家的投资效应时有显著影响。

考虑到制度距离影响 OFDI，反之，OFDI 带来的经济增长、政治互动、文化交流等活动也会影响制度距离。因此，进一步对相关变量做滞后处理来验证其内生性问题：对经济因素①滞后1期，政治因素②滞后2期（孟醒、董有德，2015），文化因素③滞后3期，得到表8-10中的稳健回归（4）。得到的回归结果基本与全样本回归基本保持一致，因此，可以认为不存在内生性问题。

为验证正式制度质量的差异对这种影响产生的差异性，即考虑制度距离的方向性问题。本书进一步考察正式制度距离对中国在"一带一路"沿线国家OFDI的影响，得到回归模型（5）。考虑到正向制度距离主要集中在"一路"国家，而负向制度距离主要集中在"一带"国家，接下来分别以"一路"和"一带"国家为子样本，对模型（8-1）进行回归，得到回归模型（6）、回归模型（7），后者可以作为前者的一个稳健性检验。具体的回归结果见表8-11。

通过对表8-11的分析可以看出，回归模型（5）中正式制度距离的回归系数在1%的水平上显著为正，这意味着正向制度距离越大，中国在沿线国家的直接投资越多，呈现制度风险偏好特征；负向制度距离越大，中国在沿线国家的直接投资越少，呈现制度接近的特征，分别验证了假设3、假设4。从稳健性检验回归模型（6）、回归模型（7）中可以看出，"一路"国家的制度距离的回归系数在1%的水平上显著为负，"一带"国家的制度距离的回归系数在1%的水平上显著为正。这和回归模型（5）得到的结果是一致的，说明前两个回归是稳健的，同时也验证了假设5。

表8-11 正式制度距离对中国在沿线国家OFDI的影响回归结果及其稳健性检验

变量名称	（5）	（6）"一路"国家	（7）"一带"国家
id	0.086 *** （7.20）	-1.673 *** （-8.71）	1.709 *** （8.33）
fd	-0.073 *** （-4.52）	0.010 （0.63）	-0.482 *** （-13.04）

① 包括中国对外直接投资、投资动机、东道国国内生产总值增长率、中国国内生产总值、中国对东道国进出口总额、有无签订双边投资协定、东道国对外开放程度，共7个变量。

② 包括制度距离1个变量。

③ 包括非正式制度距离1个变量。

续表

变量名称	（5）	（6）"一路"国家	（7）"一带"国家
lnmar	0.676 ***	0.303 ***	0.602 ***
	(9.47)	(3.27)	(6.74)
res	0.011 *	0.005	-0.003
	(1.70)	(0.36)	(-0.37)
tec	0.058 ***	0.041 ***	0.005
	(8.41)	(3.22)	(0.71)
h_gdp	0.020	0.002	0.029
	(1.12)	(0.10)	(1.17)
lncgdp	2.331 ***	1.807 ***	3.098 ***
	(7.85)	(5.72)	(8.11)
bit	0.797 ***	1.043 ***	1.284 ***
	(3.51)	(3.49)	(5.25)
lnemx	0.378 ***	0.873 ***	0.224 ***
	(5.71)	(9.58)	(2.63)
open	0.022 *	0.010	0.029
	(1.74)	(0.87)	(0.98)
_cons	-74.8 ***	-61.5 ***	-83.2 ***
	(-8.43)	(-6.49)	(-7.22)
N	520	286	234
R²	0.691	0.779	0.740
F	113.70	96.84	63.38

注：* $p < 0.1$，** $p < 0.05$，*** $p < 0.01$。变量 id 在稳健回归模型（6）、回归模型（7）中为制度距离的绝对差异，也即 Abs（id）。

四 异质性投资动机与制度距离的交互效应

由于正式制度距离对中国 OFDI 的作用会受到不同投资动机的影响，本节分别分析正向及负向制度距离与不同类型投资动机的交互效应，具体的回归结果如表 8 - 12 所示。

从回归模型（8）、回归模型（9）的结果来看，市场型投资动机对制度距离存在负向的偏好，在"一带一路"沿线国家，市场寻求型 OFDI 会偏好选择负向制度距离较大的国家，假设 5 得到验证。从回归模型（10）、回归模型（11）的结果来看，对于正向制度距离而言，自然资源型投资动机与制度距离影响显著负相关；对于负向制度距离的调节作用显著为正。

中国对"一带一路"沿线国家的自然资源寻求型 OFDI 会选择正向制度距离接近而负向制度距离较大的国家，表现出现"断点"偏好，假设 6 得到验证。

表 8 - 12 投资动机、制度距离对中国在沿线国家 OFDI 交互
影响的回归结果

变量名称	市场规模		自然资源		战略资产	
	(8)	(9)	(10)	(11)	(12)	(13)
fd	- 0.252 ***	- 0.046 ***	- 0.248 ***	- 0.020	- 0.256 ***	- 0.024 *
	(- 5.95)	(- 3.12)	(- 6.07)	(- 1.27)	(- 6.23)	(- 1.65)
lnmar	- 0.148	0.687 ***	- 0.337 **	1.046 ***	- 0.170	0.924 ***
	(- 0.63)	(7.67)	(- 2.11)	(13.57)	(- 1.09)	(12.49)
res	0.012	0.020 ***	0.075 ***	0.008	0.009	0.016 **
	(0.78)	(3.19)	(2.62)	(0.74)	(0.60)	(2.49)
tec	0.023	0.046 ***	0.023	0.057 ***	0.008	- 0.000
	(1.42)	(6.44)	(1.55)	(7.75)	(0.48)	(- 0.00)
h_gdp	0.020	- 0.011	0.015	- 0.002	0.028	- 0.011
	(0.62)	(- 0.56)	(0.49)	(- 0.08)	(0.89)	(- 0.59)
lncgdp	1.651 ***	2.877 ***	1.629 ***	2.973 ***	1.421 **	2.735 ***
	(2.69)	(10.04)	(2.79)	(9.87)	(2.40)	(9.52)
bit	0.900 *	0.406 *	0.895 *	0.611 **	0.870 *	0.528 **
	(1.83)	(1.80)	(1.87)	(2.54)	(1.81)	(2.35)
lnemx	1.241 ***	0.159 **	1.301 ***	0.065	1.216 ***	0.238 ***
	(7.78)	(2.46)	(8.32)	(0.97)	(7.77)	(3.52)
open	- 0.041	0.029 ***	- 0.063	0.028 **	- 0.052	0.022 **
	(- 0.96)	(2.64)	(- 1.48)	(2.40)	(- 1.22)	(2.02)
id	4.099	- 10.957 ***	1.750 *	- 0.570 ***	- 0.103	- 1.457 ***
	(0.48)	(- 6.70)	(1.92)	(- 3.16)	(- 0.14)	(- 6.65)
id × lnmar	- 0.224	0.626 ***				
	(- 0.44)	(6.46)				
id × res			- 0.186 **	0.028 *		
			(- 2.52)	(1.74)		
id × tec					0.215 **	0.057 ***
					(2.25)	(6.62)
_cons	- 46.0 **	- 89.0 ***	- 44.4 **	- 97.9 ***	- 38.3 **	- 90.0 ***
	(- 2.40)	(- 10.27)	(- 2.48)	(- 10.84)	(- 2.16)	(- 10.44)
N	157	363	157	363	157	363

变量名称	市场规模		自然资源		战略资产	
	（8）	（9）	（10）	（11）	（12）	（13）
R^2	0.649	0.798	0.663	0.775	0.660	0.799
F	24.32	125.70	25.91	110.10	25.57	126.50

注：*$p<0.1$，**$p<0.05$，***$p<0.01$。变量 id 在回归模型（8）、回归模型（10）中表示正向制度距离，在回归模型（9）、回归模型（11）、回归模型（12）、回归模型（13）中表示负向制度距离。其中负向制度距离用的是其绝对值。

在正向制度距离的国家样本中存在负向调节作用，主要有以下四个原因。一是自然资源集中分布在与东道国制度距离相近的地区，其制度质量与自然资源负相关；二是由于政治风险与自然资源对 OFDI 的影响存在替代效应（宋利芳和武皖，2018；高伟男，2016），资源寻求型投资动机对制度距离的偏好效应与该地区的政治风险相互抵消；三是自然资源只对部分制度距离表示稳定偏好，例如只对政府稳定性表示偏好，而对法治秩序表示规避（罗良文和毕道俊，2018）；四是中国目前对自然资源寻求型投资动机往往会附带由央企、国企承担等政治动机，并且这些投资以半营利性质的基础设施建设任务居多，如对中亚地区的管道运输设施的筹建，政治动机模糊了自然资源的直接投资额度，弱化了对制度距离的敏感程度。从回归模型（12）、回归模型（13）的结果来看，战略资产寻求型 OFDI 表现出制度逃逸特征，假设 7 得到验证。

五　实证结果与建议

通过以上分析，得出如下结论：一是制度距离显著影响中国对"一带一路"沿线国家的直接投资。不论是正式制度距离，还是非正式制度距离都表现为对中国 OFDI 的抑制作用，前者的削弱作用大于后者。二是正式制度距离对中国在"一带一路"沿线国家直接投资的影响存在差异，表现为正向制度距离的促进作用和负向制度距离的抑制作用。三是正式制度距离对中国在"一带一路"沿线国家直接投资的调节作用受投资动机的异质性影响。市场寻求型、自然资源寻求型、战略资产寻求型的 OFDI 均表现出负向制度距离偏好特征，而对于正向制度距离则表现不一。

根据以上结论，本章从企业及政府两个方面提出如下建议：一是中国企业在"一带一路"沿线国家进行直接投资时，应考虑不同投资类型及投资的产品所处的生命周期发展阶段，综合比较"外来者劣势"带来的成本和竞争优势带来的收益。在直接投资进入后，进行跨国经营活动时，要明确把握好两国正式制度、非正式制度距离，尽量避免制度距离带来的经营损失。二是政府层面。一方面，中国政府既要积极主动地推进"一带一路"倡议，通过共建项目将"一带一路"沿线的投资合作深入推进，同时还要为支持国内外资本流动提供一个良好的环境。另一方面，政府相关部门应及时发布投资动机与制度环境等公告信息，为企业投资决策提供参考。

第四节　小结

本章的研究对象是"一带一路"制度类国际公共产品。首先，对制度类国际公共产品的供给进行具体分析，主要包括"一带一路"倡议与制度类国际公共产品、中国对"一带一路"沿线国家的直接投资。其次，进一步从制度质量的角度来研究中国对沿线国家的直接投资，通过实证分析发现政治制度环境、经济制度环境和法律制度环境等均会在不同程度上影响中国的直接投资。在东道国单边制度质量的基础上，本章进一步实证研究了东道国和中国的双边制度距离与中国对"一带一路"沿线国家的直接投资。最后，从企业和政府层面提出了相关建议。

第九章　中国供给"一带一路"国际公共产品的路径选择

在新科技革命的背景下，贸易摩擦和经济动荡不断滋生，全球经济治理面临更为严峻的挑战。"一带一路"倡议横跨东亚和欧洲经济发展圈，沿线覆盖众多发展潜力巨大的发展中国家及新兴经济体。在全球贸易保护主义及单边主义盛行的形势下，"一带一路"倡议为推动国际合作创造了重要历史机遇。中国如何发展高质量的开放型经济，"一带一路"倡议如何有效成为多边主义新平台并得到更多沿线国家的认同是本章解决的关键问题。本章基于前文对国际公共产品供给是否合作博弈、"一带一路"沿线国家的现实基础、中国供给的比较优势分析以及对三大类典型国际公共产品供给的实证分析，分别从加强顶层设计、打造比较优势、完善有效供给、整合国际资源等方面对中国供给国际公共产品的路径选择提出政策建议。

第一节　加强顶层设计，促进沿线国家联合经济治理

国际公共产品的有效供给是当前全球经济治理面临的关键问题。"一带一路"倡议作为中国供给的国际公共产品，秉承共商、共建、共享的全球治理观，可有力地解决现有国际公共产品供给中决策的排他性、供给的不可持续性及供给收益分配的竞争性等失效的问题，为完善全球经济治理提供中国方案。随着"一带一路"倡议深入推进，中国应致力于加强顶层设计，不断优化供给国际公共产品的路径和平台，通过优势互补与沿线国家共同寻找合作契合点，实现中国与世界各国的互利共赢，向共建人类命运共同体的方向迈进。

一　优化参与全球经济治理

加强全球治理能力建设，要求中国从完善目标、内容、实施路径等方面来优化全球治理的设计。就目标而言，中国应以实现全球经济治理的深度改革为目标。中国参与全球经济治理的改革从根本上来说是为了优化全球治理结构，推动全球治理机制转型。就内容而言，中国应在全球经济治理中积极争取话语权和投票权。当前，以美国等发达国家为主导的全球治理体系的矛盾正不断凸显，导致全球治理问题难以得到有效解决，国际公共产品的有效供给不足。这要求以中国为代表的发展中国家、新兴国家联合起来，争取提高自身在国际机制和国际事务中的代表权和话语权，从而维护发展中国家的利益，优化全球治理结构，为有效解决全球治理问题贡献智慧和力量。就实施路径而言，应充分利用国际话语平台，充分表达自身的合理主张，掌握话语塑造的先导权。同时，凝聚发展中国家整体话语权，联合发展中国家和新兴国家结成话语同盟，共同争取话语权。

共建"一带一路"有助于形成中国参与全球经济治理的合作试验地。"一带一路"倡议作为一种国际公共产品，遵循共商、共建、共享原则，依托双边和多边的国际合作机制，通过实施互联互通，助力"一带一路"沿线各国全面推进务实合作。"一带一路"是由中国发起的一项国际合作倡议，是中国推动全球经济治理发展的主要参照系和落实标准，中国已成为国际社会中最为积极的全球经济治理倡导者。在"一带一路"倡议的实施过程中，中国充分促进区域经济在现有国际经济体系下可持续发展。

拓宽国际公共产品供给领域。随着"一带一路"倡议的深入推进，拓宽国际公共产品的供给领域成为沿线国家的必然选择。一是加强制度类国际公共产品的供给。在"一带一路"倡议中，全球气候和全球安全也是重点拓展领域，其在贫困治理和经济治理中表现突出。中国应以全球经济治理和合作为切入点，扩展至其他领域，可先选择西方国家治理的薄弱领域或鲜有国家涉足的新领域，以打消西方国家对中国的质疑。二是在增强国家硬实力的同时提升国家软实力，大力弘扬优秀传统文化，使精神文明与物质文明协调发展，以加大制度类国际公共产品的供给，提高国际话语权与公信力。

二 倡导构建包容共享的国际政治经济秩序

从参与全球经济治理的历史进程来看，中国对全球经济治理的态度也逐渐从被动调适转为主动参与。但与发达国家相比，中国参与全球经济治理的时间相对较短，全球经济治理经验相对不足，在全球经济治理体系中的目标、原则和定位有待清晰，这影响"一带一路"倡议参与全球经济治理作用的发挥。"一带一路"倡议通过"共商"的合作机制，强调"共治"的联合治理理念，尊重沿线国家意愿和话语权，倡导构建包容共享的国际政治经济秩序，推进构建坚实有效的区域经济合作机制。

第一，建立"一带一路"沿线国家的联合治理机制，缓解全球经济治理赤字，随着全球经济治理"碎片化"风险逐渐加大，世界主要经济体各自加速推进区域一体化建设。随着全球经济进入贸易、金融等议题交叉联动的新阶段，地区化博弈重心趋于转向亚太地区。其中，以市场汇率和购买力平价计算，七国集团经济总量占全球 GDP 比重从 2000 年的约 66% 下降到 2018 年的不到 30%，新兴及发展中经济体经济总量占全球 GDP 的比重已超七国集团。由于全球经济治理体系相互交叉，对如何调整国际经济秩序无法达成共识，全球经济治理"碎片化"风险成为世界经济发展的全局性议题。作为世界第二大经济体，中国应积极推动与"一带一路"沿线国家之间的协调，尽可能让全球治理机制"下沉"，确保新旧体系之间的良性竞争和有效补充。

第二，加强"一带一路"倡议机制实施，赢得国际社会的广泛认可。全球经济治理目前正面临新旧动能转换的复杂局面，相关领域国际规则竞争加剧，背后仍存在巨大的利益分歧和不断的立场冲突，需要进一步推进后续原则性共识的对话及谈判等相关工作的落实，以凝聚新共识并激发新的合作动力，确保"一带一路"倡议机制具有实效性。同时，中国应将发展国内经济实力与制度实力相结合，以提升"一带一路"倡议对国际公共产品的贡献，依托开放包容的全球体系，为全球化发展提供新机遇和新动力，为共同协调推进全球经济治理提供新的着力点和中长期方案，推动贸易、投资、金融、气候、能源等各领域系统性、全球性问题的解决。

第三，借助国内自身产业和创新的比较优势，积极推动相关领域国际规则的讨论和制定。一国在全球经济治理机制中的影响力主要取决于其自身发展。作为新兴经济体代表，中国在国际货币金融、贸易投资、经济发展等各领域均具有国际竞争优势，这是决定国际体系格局的重要变量。"一带一路"倡议作为全球经济治理和国际经济合作的重要平台，尤其是在加强各大经济体沟通和信任建设方面发挥着日益重要的作用，与现有机制形成了很好的补充与互动。因此，中国应提升其在全球价值链中的地位，切实推进优势产业的制度化、结构性改革和发展方式转型，推动金融业与高端制造业的发展，开放服务贸易市场和放宽外资准入条件，推动贸易规则体系多边化，提升中国在发挥全球经济治理能力上的示范引领作用及在国际议程和规则中的影响力，助推"一带一路"倡议成为全球经济治理的范例。

三　推动全球经济治理体系改革

当前，全球经济治理呈现明显"碎片化"趋势，以国际规则为核心的治理方式成为主导。"一带一路"倡导多边合作的话语体系，在尊重现有全球经济治理规制的基础上，倡导构建更具包容性和更多元化的合作体系。"一带一路"倡议完善现有全球治理的规则和章程体系，推动建立可持续的全球经济治理体系。

（一）优化国际合作组织内部结构

优化国际合作组织内部结构与内在制度。从国际合作组织的长期合作进程来看，建立动态的管理制度是更为合理的。很多国际公共产品如基础设施，具有前期投入大、建设周期长等特征，而在国际公共产品供给运营的较长周期内，各参与国的经济发展水平会发生变化，公共产品运营过程中也会吸收新的国家参与国际公共产品的供给。因此，成本与收益分配等问题需要不断地根据实际情况进行修改与调整。合理倡导"强者供给"与"领导国"的出现。"强者供给"与"领导国"的出现能够有效解决国际公共产品供给不足的困境。"强者供给"是指占优势的参与者的供给量决定了国际公共产品的总供给量，不占优势的参与者在国际公共产品的供给上作用很小。例如，疾病治疗技术的研发就需要发达国家来提供。强化国际公共产品供给合作的方式，一是可以倡导"强者供给"与"领导国"的出现，带领示范并监督其他参与国进行国际公共产品的供给；二是可以优化完善国际公共产品合作组织的内在制度与运作流程，提高合作的效率，增加国际公共产品的供给量。

对于国际公共产品来说，整个国际社会处于无公共政府状态，无法像传统公共产品一样依靠政府强制提供，因此需要以政府间进行国际合作的方式实现供给。在各国家政府间进行合作、提供国际公共产品的过程中，个体理性与集体理性发生背离，产生国际公共产品的合作供给困境。当前，大量存在的国际组织依然是促进国际公共产品供给合作的最重要机制。为破解国际公共产品供给合作中的困境，应当继续强化国际合作组织达成多边合作协议。国际组织提供融资渠道以促进国家间的合作，协调多个国家开展供给行动，以完成原来单个国家无力承担的任务，这在一定程度上弥补了国际公共产品供给不足及供给缺失问题。

（二）推动共建国际规则体系

"一带一路"倡议的国际规则碎片化现象凸显，缺乏统一的规范性行为准则。由于缺乏国家层面的统筹协调，跨国企业遇到国际规则问题时的协调成本高。同时，国内外研究机构对共建项目中设计的国际规则缺乏系统性的研究，难以形成相关理论支撑。

由此，"一带一路"共建项目需要遵循国际规则体系，应坚持共商、共建、共享的原则，制定公平、透明、开放的国际规则，重点完善投资、债务与融资、商事仲裁、科技创新与知识产权保护、包容性发展和第三方市场合作等方面的国际规则和标准体系。中国在基础设施项目全产业链工程的管理方面，从项目的可行性研究、规划、评估、立项、投标到项目建设、评估、验收、评价等都积累了丰富的经验。同时，在工业和贸易园区的建设、运营、管理方面，中国也有较为丰富的经验。在跨境电子商务和数字经济方面，国际上目前还没有较为成熟的规则，中国与沿线国家应通过共同努力，率先进行国际规则的探索和制定。

具体来看，共同建设、遵循及完善相关国际规则是"一带一路"倡议推进的制度保证。在"一带一路"倡议下，企业为共建项目的行为主体，具有市场主体的复杂性。因此，企业参与共建项目需遵循综合性的行为指南。一是遵循政府部门、行业协会整合相关法律法规。二是发挥沿线的联盟智库作用，对共建"一带一路"涉及的国际规则进行深入研究。由于"一带一路"沿线国家众多且差异巨大，所涉及的领域广泛，因此与沿线国家沟通、协调直至达成共识是长期过程，需要发挥联盟中智库的作用，重点研究沿线区域投融资的环境、公平与竞争问题、社会责任与劳工权益等综合性的行为指南和监督执行措施。三是建立工作协调联络点，完善共建项目的机制建设以提升国际规则的执行力。依托驻外使领馆，选择共建项目较多的节点国家来设立"一带一路"国家联络点，负责协调相关国际组织、东道国政府、行业协会、工会、企业等各利益相关方，同时监督共建项目相关行为规范的执行情况。四是明确区分"一带一路"项目中的援助项目和非援助项目。对于援助项目，按照对外援助的规定推进；对于非援助项目，要遵循通行的国际规则，按照商业行为准则明确相关风险。

第二节 打造比较优势，拓宽国际公共产品供给领域

本节从增强中国现代化治理能力、提升全球经济治理制度性话语权、推动沿线合作项目共建、共治等方面阐述中国增强国际公共产品供给能力，从而为"一带一路"沿线国家提供优质国际公共产品的重要途径。

一 增强国家现代化治理能力

国家治理能力是增强国际公共产品供给的基础和前提。中国应从增强国家物质实力、提升治理制度化水平、提升国家法治化水平三方面推动国家治理能力现代化。

首先，进一步提升国家物质实力。用扎实的经济基础来夯实在全球经济治理中的地位并推动国家治理能力现代化。雄厚的物质实力是增强治理能力的基础，稳步提高国家的物质实力才能提升治理能力。长期稳定的经济发展主要依赖于政府与市场、社会的良性互动。政府、市场和社会是国家治理体系中的三大主体，要实现国家治理体系和治理能力现代化，需要推动政府法治化和市场高效化，使市场在国家宏观调控下对资源配置起基础性作用。厘清政府与市场、社会的关系，划清政府宏观调控的边界，政府的角色从全能政府开始向有限政府转变。激发市场潜力，找到相互补位、协调配合的结合点，达到有为政府和有效市场之间的良性互动，实现政府、市场、社会协同治理的新模式。

其次，进一步提升治理制度化水平。治理制度化水平是实现国家治理

体系和治理能力现代化的必然要求。国家治理的水平取决于国家制度化，通过国家制度化完善国家治理体系、提升国家治理能力，进而全面提升国家治理水平。按照制度治理意识办事，依据制度治理规律办事，运用制度治理规则办事，是国家治理体系完善和治理能力现代化的重要基础。从加快制度法规创新、强化法律制度执行等方面着手，既要提高制度化水平，又要增强制度化能力，以制度化治理推动国家治理现代化，将制度优势转化为国家治理效能。

最后，进一步提升国家法治化水平。法治化是国家治理现代化的核心，不断提高国家法治化水平有助于最大限度地凝聚社会共识，是国家治理体系和治理能力现代化的重要依托。依法治国、提高中国的治理能力、凸显制度优势等有利于中国参与全球治理，产生外部经济，发挥治理效能，有效应对重大挑战、抵御重大风险、克服重大阻力，为共建项目解决重大矛盾提供坚强保障。要不断完善中国特色社会主义法律体系，加快推进法治国家、法治政府及法治社会一体化建设，不断提高国家法治化水平。推进国家治理能力的提高，进而提高"一带一路"倡议的公信力。

二 提升全球经济治理制度性话语权

当前全球经济治理格局并没有充分体现发展中国家的代表权和话语权，全球多边机制薄弱，缺乏全球治理体系，体制性障碍和排他性区域体系正在形成。尽管以中国为代表的发展中国家参与全球经济治理的力度在不断加大，但参与能力和话语权有限，应推进建立"一带一路"倡议长效机制，提高沿线国家在贸易治理体系中的规则制定权，以非歧视、公平、公正为原则，重构贸易规则和标准，为国际贸易创造和谐稳定和可预见的竞争环境。随着中国综合国力持续加强，中国在全球经济治理体系中的国际经济地位逐步提升，中国应找准定位，积极参与多边合作，积极推动全球经济治理体系的改革和建设，向世界贡献中国智慧。

第一，在全球经济治理的博弈中，中国必须充分认识到当前在全球经济治理中所面临的制度挑战，坚持发展中国家和新兴国家的身份定位，根据本国实力和所处的发展阶段，选择适当的策略提升本国的国际感召力和公信力。团结立场相近的国家，维护发展中国家的共同利益，不断提高发展中国家在有影响力的国际组织中的比重，积极参与制定国际机制规则。

与此同时，秉承人类命运共同体的理念，从与他国双边或多边共同利益的角度出发谋求合作，尽量避免与他国产生直接的制度冲突，以期提高中国的全球治理话语权。

第二，推动多边合作机制的有序改革，引领构建以发展为导向的多边制度。多边合作机制安排有利于发展中国家的经济发展，中国自加入 WTO 以来经济得以蓬勃发展正是受惠于多边贸易制度的安排。近年来，美欧自由贸易协定（Free Trade Agreement，FTA）的发展导致 WTO 的多边规则逐渐被边缘化。当前，WTO 权力关系的变化为发展中国家和新兴国家联合起来、争取其在国际机制中的话语权和代表权提供了机遇。因此，中国应维护多边制度，抓住机遇，凝聚发展中国家整体话语权，与发展中国家结成话语同盟，推动多边合作机制改革。中国应联合其他发展中国家，引导国际多边合作机制加大对发展问题的关注，维护发展中国家的特殊优惠待遇，使发展中国家真正受益。

第三，中国受制于话语博弈经验不足，应策略性地选择话语对象以及根据话语对象的差异调整话语议题。与话语弱势国家的话语博弈，应注重帮助和扶持；与话语均势国家的话语博弈，应强调实现共同利益；与话语强势国家的话语博弈，应注意防守，避免采纳损害中国和其他发展中国家利益的规则。

三　推动沿线合作项目共建共治

优化合作路径的项目共建是"一带一路"倡议推动沿线国家合作治理的重要路径。在"一带一路"倡议中，为了发展高质量开放型经济，中国通过发挥自身在全球价值链中的比较优势，不断拓宽共建项目的融资及合作渠道，加大共建项目的持续性资金投入，缓解国际公共产品的供需矛盾，缓解全球经济治理的责任赤字问题。在合作共建中，中国一方面应继续发挥引领作用，将自身的技术优势与沿线资源结合起来，共建经贸合作园区，实现双方比较优势的最优配置；另一方面，在优先合作领域着力加强第三方市场合作，与高端制造业国家拓展贸易的合作领域，扩大双向投资。具体来看，从产业链的角度分析"一带一路"沿线国家的比较优势，大部分发达国家处于产业链高端，而发展中国家长期处于产业链低端，产业互补性较强。因此，在共建项目中，中国企业应以资金和技术为纽带，通过"一带一路"倡议的平台，全面推动构建完善高效的产业分工体系。同时，基于当前"一带一路"倡议推进的实际情况，沿线发展中国家的经济发展主要受到低水平基础设施的制约。因此，"一带一路"倡议主要以基础设施建设为优先发展领域，重点解决沿线国家基础设施互联互通的问题。通过基础设施项目的共建实现经济的共治，突破跨国界的经济治理合作瓶颈，谋求以良好的基础设施产生经济发展和区域一体化的积极外溢效应。

第三节 完善有效供给，降低国际公共产品供给成本

一 加快实现基础设施互联互通

基础设施建设水平低是限制很多"一带一路"沿线国家经济发展的主要原因。因此，在"一带一路"倡议下最优先发展的领域为基础设施建设。"一带一路"倡议提出后，沿线各国基础设施建设主要集中在公路、铁路、航空、航运、空间综合信息网络等方面。"一带一路"沿线各国基本形成较为系统的基础设施网络，降低国家间在商品、技术、信息、金融等方面的交易成本。同时，生产要素在区域间的流动得以有效加速，资源配置效率得到有效提高。从全局来看，"一带一路"沿线国家之间初步形成共同发展、互利共赢的局面。从"一带一路"沿线国家的基础设施建设需求上来看，沿线国家仍需加大基础设施的资金投入。

"一带一路"的发展取决于基础设施建设，特别是在能源和交通基础设施领域。同时，注重提高基础设施建设的质量，在经济效益提升的同时也提升社会效益，提高"一带一路"沿线各国的国际合作建设项目对各国整体实力提升上的综合影响。从"一带一路"沿线国家的基础设施建设供给方面来看，中国在相关技术、产能、人才储备与经验等方面均有明显的比较优势。"一带一路"沿线大多数国家仍处于发展中阶段，经济上多数处于高速增长的时期，对基础设施建设的需求较大。因此，中国与"一带一路"沿线国家基础设施建设有较为可观的合作前景。对"一带一路"沿线各国而言，高水平的基础设施建设能够拉动区域经济的整体增长，并促

进整个区域的开发与建设。基于此，中国有能力也有意愿更多地与"一带一路"沿线国家进行基础设施建设合作，并主导带动合作，努力发挥在基础设施建设配置协调、技术带动、基础产出等方面的作用，实现经济共同发展。

二　拓宽沿线共建项目融资渠道

拓宽沿线共建项目的融资渠道，为构建"一带一路"国际公共产品供给政策体系提供经济基础。构建多层次金融体系，进一步加强金融基础设施建设，扶持亚洲基础设施投资银行、金砖国家新开发银行等新型多边金融机构。在"一带一路"倡议下，为国际公共产品建立多层次的金融体系并创新融资工具。加快推进人民币国际化是中国参与全球经济治理的必然要求。"一带一路"倡议作为新型区域间合作模式，为助推人民币国际化注入活力，对推动人民币国际化具有重要的意义。依托"一带一路"制度安排，提升金融软实力，提高人民币在跨境贸易中的商品定价、选择权力，增加人民币在沿线国家的资本输出。

具体而言，拓宽不确定性较高、可预知性较低的沿线共建项目的资金来源，使投资和融资的渠道多元化。在合作项目建设中，参与的国家经济发展差距明显。结合沿线各国的比较优势，充分发挥发达国家的高技术水平和先进管理经验，发挥中国在资金、基础设施及"一带一路"沿线各国的市场需求等方面的比较优势。需进一步拓宽社会资金、政府资金、海外资金等多元化融资渠道，打造沿线各地区的丝路基金、社保基金、各商业银行和其他社会资本及融资平台，为"一带一路"沿线国家的基础设施建设提供资金支持。同时，利用第三方市场合作方式提高项目质量，进一步扩大共建项目的合作范围，通过股权、债券、PPP 等方式增加融资规模，形成比较好的工程、投资、产品服务等方面的合作。通过债权投资、股权投资，亚洲基础设施投资银行等金融机构直接或间接地参与基础设施建设的投资。例如中国机械工程公司与美国通用电气公司开展的企业间合作、国家电网与新加坡能源公司投资的澳大利亚能源网项目、中国通用技术集团与美国和日本企业合作提供印尼电厂装备等，均表明第三方市场合作发展前景十分广阔。

三 推动沿线国家参与绿色治理

"一带一路"倡议提出后，中国与沿线国家的经济发展都取得了一定的成绩，但针对节能减排与环境保护方面的重视度还不够。为持续推进"一带一路"倡议的发展，在合作建设的过程中，应更加重视《联合国2030年可持续发展议程》中提到的各项要求，把对环境的保护放在更加优先的位置，更多地致力于应对气候变化与减少碳排放。"一带一路"绿色建设有利于中国在环保方面加强与沿线国家合作，帮助更多沿线国家参与全球环境治理、进行绿色转型，依托环保这一纽带，构建"一带一路"命运共同体。

中国与"一带一路"沿线各国创新环保合作模式，努力将绿色发展融入"五通"。开展"一带一路"沿线各国在环保方面的国际高层对话，成立绿色发展国际联盟，推动智库与环保组织在生态环保政策制定方面的合作。开展重点项目环境与区域影响评估，实施绿色管理试点示范，通过共建区域生物多样性保护廊道、合作进行沿线工业园污水处理等示范项目，指引国际基础设施建设与国际产能合作，引领企业进行绿色生产。在沿线国家的供应链监管方面开展广泛合作，以促进绿色贸易与绿色消费的可持续发展。同时，推进绿色融资发展，开展绿色投融资和绿色"一带一路"基金的研究，倡导投资决策绿色化，让更多沿线国家参与到污染治理合作项目中。

第四节 整合国际资源，推进新型经济治理体系

随着"一带一路"倡议的深入推进，中国已具备适应国际环境的制度选择的基本能力。本节基于现阶段全球政治经济背景，从优化新型全球贸易治理体系、构建新型全球投资治理体系、健全多元协同风险控制机制等方面阐述中国在"一带一路"倡议下提供国际公共产品的路径。

一 优化新型全球贸易治理体系

推进新型全球贸易治理体系是完善全球治理体系的关键环节，是中国

与"一带一路"沿线国家的国际公共产品供给合作机制的基础。维护以符合人类共同发展利益的多边贸易体制是"一带一路"沿线多数国家的共同诉求。首先,构建具有经济辐射能力的"一带一路"沿线自贸区网络。中国基于"一带一路"沿线已在建 20 个自贸区,覆盖 32 个国家和地区,在深化现有自贸区建设的基础上,推动建设既符合国际惯例又具备国际竞争力的营商环境的高质量自贸区。加快推进《区域全面经济伙伴关系协定》升级谈判,达成区域贸易合作协议,同时实现互惠商品贸易机制。

从全球价值链及国际贸易分工的角度看,"一带一路"沿线国家在国际贸易中大多处于价值链低端,以劳动密集型及资源密集型产业为主。在"一带一路"倡议实施中,中国供给国际公共产品应从经济发展水平、资源禀赋等方面出发,坚持平等、互利、合作的原则,有效地进行重大项目规划和项目对接,最大限度发挥国际公共产品的经济效益。

与此同时,应提升沿线国家经济互助的效率,探索建立"一带一路"沿线自贸区谈判模板,构建符合区域共同发展的新型互助机制。制定公正合理的贸易规则。国际贸易规则和标准大多是由发达国家主导制定的,主要体现发达国家的利益诉求。当前许多国际贸易规则不适应经济社会的发展,全球价值链上各参与方之间利益分配不均,导致一系列贸易摩擦,增加世界经济发展的不确定性因素,因而需要新的规则和标准来调节利益分配。

二 构建新型全球投资治理体系

当前全球经济治理体系中,国际投资领域缺乏一个权威的全球性多边规则和协调机构。现有的部分多边投资治理框架虽然在一定程度上促进了贸易的便利化,保护了国际投资活动,但是存在一定的局限性。因此,推动构建一个公正、开放的全球性多边投资机制,落实投资指导原则,构建新型全球投资治理体系,符合世界各国人民的需求,对促进世界经济发展具有深远影响。

全球投资治理体系的缺失为中国参与新型全球投资治理体系的构建提供了机遇。中国目前已成为全球第二大外资吸收国和对外投资国,理应充分利用自身在国际投资领域中的有利地位,通过"一带一路"倡议这个国际化平台,参与共同构建新型全球投资治理体系。中国可通过"一带一路"倡议这个国际化平台，与沿线国家签订双边投资协定，逐步构建多边投资框架，在国际投资领域建立起类似 WTO 的、有约束力的全球性多边规则和协调机构，形成一个公平、开放、透明、有利于社会可持续发展的新型全球投资治理体系。一方面，中国要推广、落实《G20 全球投资指导原则》，推动国际投资机制改革，促进各国就投资准入、投资保护及待遇、风险应对机制等核心问题达成共识。另一方面，遵循"分阶段、分板块、由易到难"的原则，分步推进全球多边投资治理体系的形成。在国际投资机制改革中，较为容易推进的是投资便利化领域。第一，在"一带一路"沿线国家以及其他区域合作机制内，中国应当积极协调区域内的投资政策，降低准入壁垒，加大投资保护力度，促进区域内投资流动及合作。第二，中国应当基于自身的比较优势，全面分析金融、投资、可持续发展、争端解决等方面的问题，制定满足各国共同要求的投资便利化机制。在实践中，可以设立工作指导机构，为投资便利化提供指导，创建信息传递、互访等制度，为贸易投资、通关等活动的便利化提供支持。此外，中国应结合"一带一路"国际公共产品供给合作机制，推动消除非关税壁垒、简化投资程序和审批手续、促进投资环境改善，从而促进投资便利化。

三　健全多元协同风险控制机制

供给合作机制、决策机制与服务价格形成机制是"一带一路"倡议"五通"的关键。在"一带一路"倡议供给国际公共产品的过程中，要协调"一带一路"沿线各国的发展目标与区域合作目标，尊重沿线各国的话语权与发展意愿，通过"一带一路"国际公共产品协同决策平台与协商机制进行决策。国际公共产品具有特殊的自然垄断地位，因而服务和产品价格的制定必须依靠各国的共同参与，共同完善国际公共产品价格形成机制、利益分配机制和风险补偿机制。

（一）健全国际公共产品供给决策机制

1. 建立国际公共产品协同决策平台与协商机制

可以根据"一带一路"沿线区域的地区合作框架，以片区协同平台为基础，构建国际公共产品供给决策机制。由于"一带一路"沿线国家的情况纷繁复杂，各国经济水平、文化习俗、基础设施建设水平、发展目标等差异较大，因此"一带一路"沿线各国对国际公共产品的需求以及受益程度也存在巨大的差异。"一带一路"倡议供给国际公共产品的过程中，可能面临着地缘政治风险、法规风险、市场风险等多层次、多领域的风险。例如，项目运营期间，国家间发生冲突将不利于国际公共产品合作供给。因此，"一带一路"倡议在供给国际公共产品的时候，需要将合作博弈理论、区域经济学等理论机制应用于实际中，分析国际公共产品合作供给利益冲突产生的原因，并提出合理的解决路径，协调各国的利益，结合"一带一路"沿线各国公共产品需求、利益分配等构建沿线国家合作供给的动力机制，推动"一带一路"沿线国家协同决策与协商，更好地开展国际公共产品供给合作。

2. 采取政府供给与市场供给相结合的供给模式

目前，"一带一路"国际公共产品供给体系尚未完全建立，因此还不能完全依赖平台机制来供给国际公共产品，可以由政府牵头引导社会资本参与国际公共产品供给项目，这有助于明晰产权与管理职责、提高供给效率。可以将东道国政府、社会投资者、企业的利益纳入分析框架，根据不同主体、不同合作模式的供给效率差异、生命周期费用以及不同国家投资管理制度的差异等来选择供给主体。

（二）完善跨国风险协同控制机制

1. 识别"一带一路"国际公共产品项目风险因素

"一带一路"倡议是复杂的系统工程，涉及多领域、多层次、多环节的主体和事务，受"一带一路"沿线国家多元化的地区政治、国家体制、文化习俗、经济发展状况影响，"一带一路"倡议在提供国际公共产品的过程中，面临不确定性较高、可预知性较低的地缘政治风险、法规风险、项目投资风险、国别风险等。

2. 探究国际公共产品供给风险因素传导规律，为项目投资决策与确定风险应对措施提供科学依据

"一带一路"国际公共产品供给系统是一个复杂系统，系统要素高度依存。国际公共产品项目不仅会受到项目本身的风险影响，还会受到国家政治、文化等多方面因素的影响，"一带一路"倡议的覆盖区域广泛、制度类型多样，因而其风险传导更为复杂。按照系统动力学的观点，风险因素的传导遵循一定规律，如政治风险诱发经济风险，经济风险产生项目运营风险。因此，需识别"一带一路"国际公共产品项目主要风险因素，分

析风险因素传导路径和规律，厘清风险因素的相互作用关系，从而建立动态的风控机制以预防或减轻风险带来的损失。

（三）优化国际公共产品风险分担机制

1. 完善国际公共产品风险分担机制

研究相关风险因素对项目各方利益的影响，按照风险分担的有效控制原则，建立合理的风险分担机制。一是政治风险，稳定的政治局势是国际合作的前提条件。"一带一路"沿线地区是地域政治冲突热点区域，有的国家处于局部战争、恐怖主义的威胁中，脆弱的政治生态会导致合作项目的风险增加，政治风险应由东道国政府承担。二是法规风险。"一带一路"沿线国家在合作项目建设流程与审批、质量与安全管理等方面的法律规定、规则大相径庭，法律规定、规则的差异导致法律信息不对称，为国际合作项目带来较高的法规风险，法规风险应由社会投资者承担。三是项目投资风险。项目投资风险体现在项目的实施过程中。由于"一带一路"沿线国家复杂的经济社会发展情况，各国的技术水平、人才素质以及不可抗拒的外部因素等不确定性因素可能导致项目实施过程发生异动，不仅会造成人力、物力的浪费，还会拖延项目的进程。由于这些不确定因素是难以人为控制的，因此项目投资风险一般由政府和社会投资者共同承担。

2. 完善国际公共产品利益补偿与多万利益动态协调机制

第一，建立"一带一路"国际公共产品合作供给机制下的利益补偿机制，"一带一路"国际公共产品项目面临着多层次、多领域的风险，各国应当采取相应措施来有效保障投资者的投资收益，针对国家政治风险、重大自然灾害等风险事件建立风险补偿机制。一方面，根据风险传导路径确定风险补偿主体、方式与额度，使各主体承担相应的损失或者分享相应的收益。另一方面，根据"一带一路"国际公共产品的"政府引导、社会资本参与、市场运作"供给模式，坚持利益共享、风险共担原则，为企业的海外投资活动设立风险补偿基金，提升企业应对风险的缓释能力，为企业的海外投资活动保驾护航。第二，建立多方利益动态协调机制。一般来说，国际公共产品投资的实际盈利主要有三个方面：一是使用者付费，二是财政资金支付，三是项目建设带来的周边地区商业价值上升。其中，使用者付费模式存在收益低于预期的风险，特别是在经济发展水平较差的地区，而财政资金支付模式则受沿线国家财政能力的影响。因此，必须结合投资成本和收益，根据各国的实际情况选择合适的收益分配模式，建立多方利益动态协调机制。

3. 制定协同供给的风险应对措施

"一带一路"倡议覆盖区域广泛，沿线国家国情复杂，可能会导致"一带一路"国际公共产品合作供给项目面临较大风险。中国应与"一带一路"沿线国家共同构建有效的风险分担机制以及协同控制机制。第一，为了降低政治风险和经济风险给合作项目带来的损失，沿线国家应加强风险跟踪、风险防范与应对等方面的合作。第二，建立合作项目风险应急基金，提升合作项目应对风险的缓释能力，化解国际公共产品供给风险。第三，建立风险响应机制，当"一带一路"国际公共产品合作供给项目面临较大的政治风险与经济风险时，各国应坚持"利益共享、风险共担"的原则，通过国际组织协调各国的利益，通过调整各国政策共同应对风险，通过各国补偿方案弥补投资者部分风险带来的损失。

参考文献

〔美〕埃莉诺·奥斯特罗姆：《公共事物的治理之道：集体行动制度的演进》，余逊达、陈旭东译，上海译文出版社，2012。

〔土〕丹尼·罗德里克：《经济全球化的治理》，载〔美〕约瑟夫·S.奈等主编《全球化世界的治理》，王勇等译，世界知识出版社，2003。

〔美〕肯尼思·华尔兹：《国际政治理论》，信强译，上海人民出版社，2017。

〔美〕罗伯特·基欧汉、约瑟夫·奈：《权力与相互依赖》，门洪华译，北京大学出版社，2002。

蔡昉：《金德尔伯格陷阱还是伊斯特利悲剧？——全球公共品及其提供方式和中国方案》，《世界经济与政治》2017年第10期。

柴利：《我国与中亚国家能源合作战略步骤及政策体系构建》，《新疆社会科学》2016年第2期。

陈初昇、刘晓丹、衣长军：《海外华商网络、东道国制度环境对中国OFDI的影响——基于"一带一路"研究视角》，《福建师范大学学报》（哲学社会科学版）2017年第1期。

陈辉、王爽：《"一带一路"与区域性公共产品供给的中国方案》，《复旦国际关系评论》2018年第1期。

陈静、卢进勇：《投资环境指标视角下的中亚五国投资环境分析》，《现代管理科学》2017年第6期。

陈明宝、陈平：《国际公共产品供给视角下"一带一路"的合作机制构建》，《广东社会科学》2015年第5期。

陈伟光：《全球治理与全球经济治理：若干问题的思考》，《教学与研究》2014年第2期。

陈伟光、王燕：《全球经济治理制度博弈——基于制度性话语权的分析》，《经济学家》2019 年第 9 期。

陈伟光、王燕：《全球投资治理下的国际投资协定多边谈判与中国对策》，《天津社会科学》2017 年第 3 期。

陈小荣：《"一带一路"建设对人民币国际化的影响研究》，博士学位论文，河北大学，2019。

陈欣：《"一带一路"沿线国家科技合作网络比较研究》，《科研管理》2019 年第 7 期。

陈晔：《"一带一路"倡议视域下中国与中亚五国贸易影响因素研究——基于随机前沿引力模型的实证分析》，《科技与经济》2020 年第 2 期。

陈昭、欧阳秋珍：《技术溢出的主渠道：外商直接投资还是出口？——一个文献综述与评论》，《经济评论》2009 年第 5 期。

程永林、黄亮雄：《霸权衰退、公共品供给与全球经济治理》，《世界经济与政治》2018 年第 5 期。

戴维·赫尔德：《如何走出全球治理的"僵局"》，李秋祺译，《探索与争鸣》2019 年第 3 期。

但丁：《论世界帝国》，商务印书馆，1985。

邓力平、席艳乐：《官方发展援助：国际公共产品与传统发展援助》，《东南学术》2010 年第 1 期。

邓明：《制度距离"示范效应"与中国 OFDI 的区位分布》，《国际贸易问题》2012 年第 2 期。

董哲：《"一带一路"背景下金融合作的非政府组织路径研究——以亚洲金融合作协会为例》，《经济问题探索》2018 年第 9 期。

杜朝运、叶芳：《集体行动困境下的国际货币体系变革——基于全球公共产品的视角》，《国际金融研究》2010 年第 10 期。

杜江、宋跃刚：《制度距离、要素禀赋与我国 OFDI 区位选择偏好——基于动态面板数据模型的实证研究》，《世界经济研究》2014 年第 12 期。

樊勇明：《区域性国际公共产品——解析区域合作的另一个理论视点》，《世界经济与政治》2008 年第 1 期。

范如国：《"全球风险社会"治理：复杂性范式与中国参与》，《中国社会科学》2017 年第 2 期。

冯德连、施亚鑫：《四维距离视角下中国对“一带一路”国家直接投资研究》，《江淮论坛》2018 年第 5 期。

付波航：《高质量发展背景下人民币国际化的新路径》，《湖北经济学院学报》2021 年第 2 期。

傅志华：《各国政府间的财经合作：促进全球公共产品有效供应的重要途径》，《中国财政》2005 年第 10 期。

高世宪、梁琦、郭敏晓等：《丝绸之路经济带能源合作现状及潜力分析》，《中国能源》2014 年第 4 期。

高伟男：《“一带一路”东道国政治风险对中国资源型 OFDI 影响分析》，硕士学位论文，东北财经大学，2016。

关嘉麟、吕鑫萌、王珈凝：《“一带一路”倡议对沿线国家的对外贸易增长效应研究》，《当代经济研究》2020 年第 11 期。

郭周明、田云华、王凌峰：《“逆全球化”下建设国际金融新体制的中国方案——基于“一带一路”研究视角》，《国际金融研究》2020 年第 1 期。

韩沐野、成思思：《基于“一带一路”倡议的我国能源国际合作发展路径探寻——以“1 + 1 + 6 + 5 + N”油气圈为背景》，《生态经济》2017 年第 5 期。

何寿奎：《“一带一路”公共产品供给困境与路径优化》，《中国流通经济》2017 年第 11 期。

何颖珊：《产业联动视角下共建“一带一路”价值链治理模式研究》，《广东社会科学》2020 年第 6 期。

贺娅萍、徐康宁：《“一带一路”沿线国家的经济制度对中国 OFDI 的影响研究》，《国际贸易问题》2018 年第 1 期。

胡必亮、潘庆中：《“一带一路”沿线国家综合发展水平测算、排序与评估（总报告）》，《经济研究参考》2017 年第 15 期。

胡键：《“一带一路”的国际公共产品功能与中国软实力的提升》，《国外社会科学》2020 年第 3 期。

胡望舒、寇铁军：《区域性国际公共产品研究评述》，《地方财政研究》2016 年第 9 期。

黄河：《公共产品视角下的“一带一路”》，《世界经济与政治》2015

年第 6 期。

黄军英：《"一带一路"国际科技创新合作大有可为》，《光明日报》2019 年 5 月 2 日。

黄莹、林金忠：《经济危机何以诱发贸易保护主义猖獗？——基于全球公共产品和集体行动的理论解释》，《江苏社会科学》2010 年第 6 期。

冀相豹：《制度差异、累积优势效应与中国 OFDI 的区位分布》，《世界经济研究》2014 年第 1 期。

江时学、李智婧：《论全球治理的必要性、成效及前景》，《同济大学学报》（社会科学版）2019 年第 4 期。

姜安印：《"一带一路"建设中中国发展经验的互鉴性——以基础设施建设为例》，《中国流通经济》2015 年第 12 期。

姜欣悦：《国际公共品供给问题研究》，《山东纺织经济》2016 年第 6 期。

蒋冠宏、蒋殿春：《中国对外投资的区位选择：基于投资引力模型的面板数据检验》，《世界经济》2012 年第 9 期。

金玲：《"一带一路"：中国的马歇尔计划?》，《国际问题研究》2015 年第 1 期。

李靖文：《制度距离、投资动机对中国对外直接投资的影响研究》，硕士学位论文，深圳大学，2019。

李娟娟：《国际公共品供给中的集体行动逻辑》，《理论与改革》2015 年第 3 期。

李娟娟、樊丽明：《国际公共品供给何以成为可能——基于亚洲基础设施投资银行的分析》，《经济学家》2015 年第 3 期。

李丽：《博弈论视角下的全球性公共品供给研究》，《经济问题》2013 年第 11 期。

李丽：《全球性公共品问题的研究动态与述评》，《经济问题》2012 年第 12 期。

李想：《七国集团衰退趋势明显》，《中国社会科学报》2019 年 9 月 2 日第 1769 期。

李晓霞：《全球经济治理的"替代性"选择还是"另一种"选择？——基于"中国道路"理解"一带一路"倡议》，《社会主义研究》2019 年第

2 期。

李新、席艳乐：《国际公共产品供给问题研究评述》，《经济学动态》2011 年第 3 期。

李悦、杨殿中：《中国对中亚五国直接投资的现状、存在的问题及对策建议》，《经济研究参考》2014 年第 21 期。

李占一：《博弈视角下国际公共品供给困境与破解之道——以国际环境治理为例》，博士学位论文，山东大学，2015。

李贞、谭笑、孟冬：《国际公共产品的税收供给方式分析》，《中央财经大学学报》2014 年第 12 期。

林永亮：《"一带一路"合作体系：基础框架与发展路径》，《当代世界》2020 年第 7 期。

林永亮：《全球治理的规范缺失与规范建构》，《世界经济与政治论坛》2011 年第 1 期。

刘传春、李远：《"一带一路"倡议与全球治理的完善——以国际公共产品有效供给为视角的分析》，《理论导刊》2019 年第 10 期。

刘凯、张文文：《中国对外直接投资存在制度偏好吗——基于投资动机异质视角》，《宏观经济研究》2018 年第 7 期。

刘美玲、黄文军：《进出口贸易、对外直接投资和国际技术溢出效应——基于我国 1999～2012 年省际面板数据的实证》，《工业技术经济》2015 年第 2 期。

刘蓉、刘楠楠、黄策：《地区间外溢性公共品的供给承诺与匹配率研究》，《经济研究》2013 年第 10 期。

刘世强：《十八大以来中国参与全球治理的战略布局与能力建设探析》，《当代世界与社会主义》2017 年第 2 期。

刘文革、傅诗云、黄玉：《地缘政治风险与中国对外直接投资的空间分布——以"一带一路"沿线国家为例》，《西部论坛》2019 年第 1 期。

刘晓光、杨连星：《双边政治关系、东道国制度环境与对外直接投资》，《金融研究》2016 年第 12 期。

刘勇、张译文：《中国参与全球经济治理的新模式及路径研究》，《经济纵横》2017 年第 11 期。

刘壮、袁磊：《"一带一路"倡议与中亚经济一体化的未来》，《现代经济信息》2016 年第 7 期。

　　隆国强：《全球经济治理变革的三个判断》，《国际经济评论》2017 年第 3 期。

　　卢光盛、金珍：《"澜湄机制"：湄公河次区域合作的新尝试》，《世界知识》2015 年第 22 期。

　　鲁桐：《中国企业海外市场进入模式研究》，经济管理出版社，2007。

　　罗良文、毕道俊：《我国在"一带一路"沿线国家的 OFDI 是否存在政治风险偏好——基于扩展投资引力模型的实证检验》，《财会月刊》2018 年第 10 期。

　　罗鹏、吕中洁：《经济制度促进了中国对"一带一路"国家的 OFDI 吗？——基于 Heckman 两阶段的实证分析》，《会计之友》2019 年第 11 期。

　　罗小芳、卢现祥：《制度质量：衡量与价值》，《国外社会科学》2011 年第 2 期。

　　马荣、张杏梅、王国梁：《中亚五国能源产业投资环境评估》，《对外经贸》2017 年第 1 期。

　　马述忠、刘梦恒：《中国在"一带一路"沿线国家 OFDI 的第三国效应研究：基于空间计量方法》，《国际贸易问题》2016 年第 7 期。

　　马涛、陈曦：《"一带一路"包容性全球价值链的构建——公共产品供求关系的视角》，《世界经济与政治》2020 年第 4 期。

　　毛汉英：《中国与俄罗斯及中亚五国能源合作前景展望》，《地理科学与进展》2013 年第 10 期。

　　毛艳华、荣健欣、钟世川：《"一带一路"与香港经济第三次转型》，《港澳研究》2016 年第 3 期。

　　孟醒、董有德：《社会政治风险与我国企业对外直接投资的区位选择》，《国际贸易问题》2015 年第 4 期。

　　孟于群、杨署东：《国际公共产品供给：加总技术下的制度安排与全球治理》，《学术月刊》2018 年第 1 期。

　　倪建军、陈旸：《"现代院论坛 2017：'一带一路'的风险应对"会议综述》，《现代国际关系》2017 年第 4 期。

　　庞珣：《国际公共产品中集体行动困境的克服》，《世界经济与政治》

2012 年第 7 期。

裴长洪：《全球经济治理、公共品与中国扩大开放》，《经济研究》2014 年第 3 期。

彭兴韵：《人民币国际化：功夫在 SDR 之外》，《上海证券报》2015 年 12 月 1 日。

平淑娟：《基于制度距离视角的中国对外直接投资区位选择研究》，硕士学位论文，中南财经政法大学，2017。

綦建红、李丽、杨丽：《中国 OFDI 的区位选择：基于文化距离的门槛效应与检验》，《国际贸易问题》2012 年第 12 期。

秦亚青：《全球治理失灵与秩序理念的重建》，《世界经济与政治》2013 年第 4 期。

饶华、朱延福：《制度质量、制度偏向与中国对外直接投资——基于动态面板数据模型的实证分析》，《江汉论坛》2015 年第 2 期。

桑百川、王园园：《中国与世界贸易规则体系的未来》，《人民论坛·学术前沿》2015 年第 23 期。

沈铭辉、张中元：《"一带一路"机制化建设与包容性国际经济治理体系的构建——基于国际公共产品供给的视角》，《新视野》2019 年第 3 期。

盛斌、高疆：《中国与全球经济治理：从规则接受者到规则参与者》，《南开学报》（哲学社会科学版）2018 年第 5 期。

宋利芳、武皖：《东道国风险、自然资源与国有企业对外直接投资》，《国际贸易问题》2018 年第 3 期。

隋广军、肖鹞飞：《国际经济形势发展、影响及对策建议（2013）》，《国际经贸探索》2013 年第 12 期。

孙溯源、杜平：《"一带一路"与中国在中亚的能源合作：区域公共产品的视角》，《复旦国际关系评论》2015 年第 1 期。

孙玉琴、姜慧：《中国对中亚交通基础设施投资发展、问题及应对策略》，《中国经贸》2015 年第 8 期。

祁春凌、邹超：《东道国制度质量、制度距离与中国的对外直接投资区位》，《当代财经》2013 年第 7 期。

汤凌霄、欧阳峣、黄泽先：《国际金融合作视野中的金砖国家开发银行》，《中国社会科学》2014 年第 9 期。

唐末兵、傅元海、王展祥：《技术创新、技术引进与经济增长方式转变》，《经济研究》2014 年第 7 期。

田立加、高英彤：《"一带一路"建设中的公共产品供给研究》，《西北民族大学学报》（哲学社会科学版）2017 年第 2 期。

田原、李建军：《中国对"一带一路"沿线国家 OFDI 的区位选择——基于资源与制度视角的经验研究》，《经济问题探索》2018 年第 1 期。

涂永红：《中国在"一带一路"建设中提供的全球公共物品》，《光明日报》2015 年 6 月 22 日。

涂永红、张文春：《中国在"一带一路"建设中提供的全球公共物品》，《理论视野》2015 年第 6 期。

汪晓风：《数字丝绸之路与公共产品的合作供给》，《复旦国际关系评论》2015 年第 1 期。

王长宇、王偲桐、杜浩然：《地方外溢性公共产品的供给问题探讨》，《经济科学》2015 年第 4 期。

王川：《地缘战略视野下中国企业对中亚地区直接投资问题研究》，硕士学位论文，华东师范大学，2013。

王凤彬、杨阳：《我国企业 FDI 路径选择与"差异化的同时并进"模式》，《中国工业经济》2010 年第 2 期。

王国刚：《"一带一路"：建立以多边机制为基础的国际金融新规则》，《国际金融研究》2019 年第 1 期。

王建、张宏：《东道国政府治理与中国对外直接投资关系研究——基于东道国面板数据的实证分析》，《亚太经济》2011 年第 1 期。

王贞力、林建宁：《外商直接投资对东盟全要素生产率及其分解的影响——基于"三角联盟"理论框架》，《上海经济》2018 年第 6 期。

王双：《国际公共产品与中国软实力》，《世界经济与政治论坛》2011 年第 4 期。

王文、刘英：《"一带一路"完善国际治理体系》，《东北亚论坛》2015 年第 6 期。

王永中、李曦晨：《中国对一带一路沿线国家投资风险评估》，《开放导报》2015 年第 4 期。

王友发、罗建强、周献中：《近 40 年来中国与"一带一路"国家科技合作态势演变分析》,《科技进步与对策》2016 年第 24 期。

王跃生:《"一带一路"与国际经济合作的中国理念》,《中国高校社会科学》2016 年第 1 期。

王铮、葛昭攀、廖悲雨:《知识溢出下增长收敛的复杂性》,《财经研究》2007 年第 10 期。

王志浩:《"一带一路"倡议背景下中国 – 中亚能源合作研究》,《时代经贸》2017 年第 24 期。

吴晓波、李竞、李文等:《正式制度距离与非正式制度距离对海外进入模式影响——来自中国跨国企业的经验研究》,《浙江大学学报》(人文社会科学版)2017 年第 5 期。

吴晓萍:《论国际公共产品的供给困境》,《中南民族大学学报》(人文社会科学版)2011 年第 3 期。

吴志成、李金潼:《国际公共产品供给的中国视角与实践》,《政治学研究》2014 年第 5 期。

吴志成、李金潼:《中国在国际公共产品供给中的作用日益重要》,《南开学报》(哲学社会科学版)2015 年第 2 期。

夏先良:《构筑"一带一路"国际产能合作体制机制与政策体系》,《国际贸易》2015 年第 11 期。

肖育才、谢芬:《全球公共产品供给的困境与激励》,《税务与经济》2013 年第 3 期。

谢孟军:《基于制度质量视角的我国出口贸易区位选择影响因素研究——扩展引力模型的面板数据实证检验》,《国际贸易问题》2013 年第 6 期。

徐秀军:《全球经济治理进入深度变革期》,《经济研究参考》2015 年第 63 期。

许培源、程钦良:《"一带一路"国际科技合作的经济增长效应》,《财经研究》2020 年第 5 期。

薛领、杨开忠:《复杂性科学理论与区域空间演化模拟研究》,《地理研究》2002 年第 1 期。

鄢一龙:《"一带一路"富有活力的秘籍》,《人民日报(海外版)》2019 年 9 月 10 日。

阎大颖、洪俊杰、任兵:《中国企业对外直接投资的决定因素:基于制度视角的经验分析》，《南开管理评论》2009 年第 6 期。

杨伊、蒋金法：《国际合作供给全球公共品的制度设计研究——兼论中国参与的路径选择》，《当代财经》2014 年第 1 期。

杨伊、苏凯荣：《国际公共品供给的集体行动博弈路径——对金砖国家开发银行的思考》，《江西社会科学》2015 年第 10 期。

叶卫平：《"一带一路"建设与我国经济安全》，《中国特色社会主义研究》2015 年第 5 期。

袁柳：《制度距离与中国企业 OFDI 的进入模式选择——基于上市企业的数据检验》，《经济与管理》2019 年第 6 期。

岳立、杨帆：《"丝绸之路经济带"中国与中亚五国能源合作的经验借鉴及路径探析——基于地缘经济视角》，《人文杂志》2016 年第 9 期。

张彬、胡晓珊：《区域性国际金融公共产品的中国供给：缘起、问题与对策》，《太平洋学报》2020 年第 6 期。

张辉、唐毓璇、易天：《一带一路：区域与国别经济比较研究》，北京大学出版社，2017。

张辉、易天、唐毓璇：《一带一路：全球价值双环流研究》，《经济科学》2017 年第 3 期。

张家寿：《中国与东盟合作参与"一带一路"建设的金融支撑体系构建》，《东南亚纵横》2015 年第 10 期。

张可云、邓仲良、赵文景：《中国对外区域合作体系构建：政策框架与驱动机制》，《郑州大学学报》（哲学社会科学版）2017 年第 4 期。

张明倩、柯莉：《"一带一路"跨国专利合作网络及影响因素研究》，《软科学》2018 年第 6 期。

张宇燕：《全球治理的中国视角》，《世界经济与政治》2016 年第 9 期。

张宇燕、孪增刚：《国际政治经济学》，上海人民出版社，2008。

张中元、沈铭辉：《"一带一路"融资机制建设初探——以债券融资为例》，《亚太经济》2018 年第 6 期。

章庆慧：《中国与中亚国家交通运输合作研究》，硕士学位论文，华东师范大学，2015。

赵德森、黄晓晖、秦超：《中国对东盟技术转移的动机与模式研究》，《技术经济与管理世界》2015 年第 11 期。

周经、刘厚俊:《制度距离、人力资源与跨国企业对外投资模式选择》,《财贸研究》2015 年第 1 期。

郑振清:《承担与自身能力相适应的国际责任——为世界提供更多国际公共产品》,《人民日报》2018 年 1 月 7 日。

朱磊、陈迎:《"一带一路"倡议对接 2030 年可持续发展议程——内涵、目标与路径》,《世界经济与政治》2019 年第 4 期。

邹昊飞、谭潇、杜贞利:《中国与"一带一路"沿线国家园区合作》,载李永全主编《"一带一路"建设发展报告 (2019)》,社会科学文献出版社,2019。

Anand, P. B. , "Financing the Provision of Global Public Goods", *World Economy*, 2, 2004.

Andrew F. Cooper, "Squeezed of Revitalized? Middle Powers, the G20 and the Evolution of Global Governance", *Third World Quarterly*, 6, 2013.

Barrett, S. , "Supplying International Public Goods", *Springer US*, 2002.

Barrett, S. , "The Smallpox Eradication Game", *Public Choice*, 1 - 2, 2007.

Blonigen, B. A. , "A Review of the Empirical Literature on FDI Determinants", *Atlantic Economic Journal*, 4, 2005.

Blonigen, B. A. A. , "Review of the Empirical Literature on FDI Determinants", *Atlantic Economic Journal*, 2000.

Buckley, P. J. , Clegg, L. J. , et al. , "The Determinants of Chinese Outward Foreign Direct Investment", *Journal of International Business Studies*, 38, 2007.

Dunning, J. H. , "Multinational Enterprises and the Global Economy", *MA: Addison-Wesley*, 1993.

Garrett Hardin, "The Tragedy of the Commons", *Science*, 162, 1968.

Gwin, C. , "The New Development Cooperation Paradigm", *ODC Viewpoint*, 1999.

Inge Kaul, "Providing Global Public Goods-Managing Globalization", *Management of Environmental Quality: An International Journal*, 4, 2003.

James, M. , "An Economic Theory of Clubs", *Economica*, 32, 1965.

Joseph, E. Stiglitz, "Globalization and Growth in Emerging Markets and the New Economy", *Journal of Policy Modeling*, 5, 2003.

Kaul, I., Goulven, K. L., "Institutional Options for Producing Global Public Goods", *Providing Global Public Goods*, 2003.

Kaul, I., Grunberg, I., Stern, M. A., "Defining Global Public Goods", *Global Public Goods International Cooperation in Century*, 3, 1999.

Kenneth, N. Waltz, "The Virtue of Adversity", *International Relations*, 3, 2009.

Kindelberger, C. P., "The World in Depression 1929 – 1939", *The Economic History Review*, 4, 1973.

Kindleberger, C. P., "International Public Goods without International Government", *The American Economic Review*, 76, 1986.

Kogut, B., Singh, H., "The Effect of National Culture on the Choice of Entry Mode", *Journal of International Business Studies*, 3, 1988.

Lipsky, John, "Asia, the Financial Crisis, and Global Economic Governance", *Speech at the Federal Reserve Bank of San Francisco Conference*, Santa Barbara, California, October 2009.

Martin, Carnoy, Isak, et al., "The Concept of Public Goods, the State, and Higher Education Finance: a View from the BRICs", *Higher Education*, 2014.

Nancy, R., et al., "Globalization and Human Cooperation", *Proceedings of the National Academy of Sciences of the United States of America*, 2009.

Olson, M., "Increasing the Incentives for International Cooperation", *International Organization*, 4, 1971.

Olson, M., et al., "An Economic Theory of Alliances", *Review of Economics & Statistics*, 3, 1966.

Samuelson, A. Paul, "Diagrammatic Exposition of a Theory of Public Expenditure", *The Review of Economics and Statistics*, 4, 1955.

Paul, M. Romer, "Increasing Returns and Long-Run Growth", *Journal of Political Economy*, 5, 1986.

Sandler, Todd, "Global and Regional Public Goods: A Prognosis for Collective Action", *Fiscal Studies*, 3, 1998.

Sandler, T. , "Assessing the Optimal Provision of Public Goods: In Search of the Holy Grail", 2003.

Stiglitz, J. E. , "The Theory of International Public Goods and the Architecture of International Organizations", *United Nations Background Paper*, *Department for Economic and Social Information and Policy Analysis*, 1995.

Todd, Sandler, Daniel, G. , Arce, M. , "A Conceptual Framework for Understanding Global and Transnational Public Goods for Health," *Fiscal Studies*, 2, 2002.

Trichet, Jean-Claude, "Global Governance Today, Keynote Address at the Council on Foreign Relations", *New York*, 2010.

Willem te Velde, D. , Morrissey, O. , Hewitt, A. , "Allocating AID to International Public Goods", *Springer US*, 2002.

Wang, Y. Q. , Du, J. L. & Wang, K. , "The Determinants of Location Choices of China's ODI: Institutions, Taxation and Resources", *Frontiers of economicsin China*, 3, 2014.

Zaheer, S. , "Overcoming the Liability of Foreignness", *Academy of Management Journal*, 38, 1995.

后　记

本书是基于全球经济治理视角，对"一带一路"沿线各国国际公共产品供给的理论与实践的探讨与思考。从 2015 年开始准备申报国家社科基金，笔者就一直在思索中国如何通过"一带一路"倡议提升在全球经济治理中的话语权，而供给国际公共产品就是最重要的载体之一。

全书一共九章，沿着理论与实践相结合的原则，先对国际公共产品的内涵、供给主体、供给模式、供给机制等进行阐述，接着构建"一带一路"国际公共产品供给的博弈分析框架，探讨从非合作走向合作的前提和转化条件；再对"一带一路"国际公共产品供给的现实基础进行分析；然后分别对基础设施、科技和制度三大类与全球经济治理密切相关的典型国际公共产品的供给与影响因素进行实证分析；最后提出中国供给"一带一路"国际公共产品的可能性路径。

在本书出版之际，做两点补充说明。一是时间背景的说明。面对复杂的国内外形势，国际公共产品的合作供给面临新的挑战。从"一带一路"沿线国家现实情况出发，厘清其逐步走向合作的转化条件，识别中国提供"一带一路"国际公共产品的有效路径，对提升中国在全球经济治理中话语权和国际地位具有重要意义。二是数据时效的说明。虽然数据大多是 2019 年前后的，但对当今时代依然具有研究参考价值，价值在于帮助认识历史、发现规律并挖掘"一带一路"国际公共产品合作供给的中长期发展趋势，在全局和宏观层面上具有重要意义。由于新冠肺炎疫情发生、国际形势复杂，若将 2020 年及以后的数据纳入分析，不利于挖掘国际公共产品合作供给的一般性规律。

本书从构思到最终定稿，用了 5 年时间，感谢我的学术团队，包括李梦涵老师，硕士研究生张凯越、林少驰、李靖雯、徐雅卿，以及柯晓博士等。

在此要特别感谢我的恩师陶一桃教授，从课题申报到书稿完成，陶教授给了我全方位的鼎力支持。中共深圳市委党校申勇教授多次悉心指导，深圳大学张凯教授和华南理工大学罗必良教授给予了许多帮助和鼓励，社会科学文献出版社的郭峰老师在编辑出版过程中工作非常辛苦，在此一并向他们表示衷心的感谢。非常感谢田启波教授提供出版支持，本书是深圳市人文社会科学重点研究基地"深圳大学生态文明与绿色发展研究中心"的研究成果。

在书稿撰写过程中，参考借鉴了诸多重要文献和权威观点，在此对相关作者表示感谢。受制于时间、精力与水平，难免存在疏漏之处，敬请批评指正，并致以诚挚的歉意。

伍凤兰

2022 年 12 月于深圳

图书在版编目（CIP）数据

"一带一路"国际公共产品供给研究／伍凤兰，李
梦涵著. -- 北京：社会科学文献出版社，2023.2
ISBN 978 - 7 - 5228 - 1426 - 1

Ⅰ.①一… Ⅱ.①伍… ②李… Ⅲ.①"一带一路"
- 公共事业 - 研究 Ⅳ.①F299.1

中国国家版本馆 CIP 数据核字（2023）第 035592 号

"一带一路"国际公共产品供给研究

著　　者／伍凤兰　李梦涵

出 版 人／王利民
组稿编辑／周　丽
责任编辑／郭　峰
文稿编辑／程亚欣
责任印制／王京美

出　　版／社会科学文献出版社·城市和绿色发展分社（010）59367143
　　　　　地址：北京市北三环中路甲29号院华龙大厦　邮编：100029
　　　　　网址：www. ssap. com. cn
发　　行／社会科学文献出版社（010）59367028
印　　装／三河市东方印刷有限公司

规　　格／开　本：787mm×1092mm　1/16
　　　　　印　张：12.75　字　数：209 千字
版　　次／2023 年 2 月第 1 版　2023 年 2 月第 1 次印刷
书　　号／ISBN 978 - 7 - 5228 - 1426 - 1
定　　价／98.00 元

读者服务电话：4008918866